MICHEL LÉVY FRÈRES, ÉDITEURS
PRIX : 50 CENTIMES — RUE AUBER, 3, ET BOULEVARD DES ITALIENS, 15 — PRIX : 50 CENTIMES
A LA LIBRAIRIE NOUVELLE

LA COCOTTE AUX OEUFS D'OR

GRANDE FÉERIE PARISIENNE EN TROIS ACTES ET DOUZE TABLEAUX
PRÉCÉDÉE D'UN PROLOGUE EN DEUX TABLEAUX

PAR

MM. CLAIRVILLE, EUGÈNE GRANGÉ ET VICTOR KONING

MUSIQUE NOUVELLE DE MM. HERVÉ, CŒDÈS, RASPAIL ET PATUSSET

Décors de MM. CAPELLI, CORNIL, M¹¹ᵉˢ JAMBON, CHÉRET et FLORET, machines et trucs de M. MAYAND, ballets réglés par M¹¹ᵉ MONTPLAISIR
costumes dessinés par M. DRANER et exécutés par Mᵐᵉˢ ECOSSIE DE JALLAIS, MARIE ARMAGNE et M. MOREAU.

REPRÉSENTÉE POUR LA PREMIÈRE FOIS A PARIS, SUR LE THÉATRE DES MENUS-PLAISIRS, LE 31 DÉCEMBRE 1872.

DISTRIBUTION DE LA PIÈCE

ALCOFRIBAS........	MM. MONTBARS.	COCOTTE........	Mˡˡᵉ DÉSIRÉE.
ÉLOI............	ALEXIS.	LA REINE DES GIROUETTES......	SYLVANO.
COQUELICOT........	LACOSTE.	NANA...........	LYDIE.
DINDONNEAU........	RAYMOND.	FRANCESCA........	LECOSSOIS.
BEAUCANARD........	LÉANDRE.	DOLORÈS.........	BERTHE.
LE DESTIN.........	} VALACHE.	LAURENCE.........	MIRALDA.
LE ROI DES GIROUETTES.		CASCADINE........	TANGNY.
UN CONSPIRATEUR......	CHARLES.	LÉONTINE.........	MIRECOURT.
MADAME ALCOFRIBAS.....	Mᵐᵉ THIBERRY.	FOLICHONETTE......	BELLAC.
PINTADE...........	BLANCHE DANTIGNY.	NOÉMI...........	

PAYSANS ET PAYSANNES, COCOTTES, ENCHANTEURS, SORCIERS, JANISSAIRES, DANSEURS ET DANSEUSES.

— Droits de reproduction, de traduction et de représentation réservés. —

PROLOGUE

Un site désolé. — Partout des arbres et des rochers, mais d'un aspect étrange. Éclairées par la lune, les silhouettes de ces grands corps semblent représenter des personnages fantastiques ; on dirait une forêt morte. — Des chauves-souris, des chats-huants, des monstres de toute espèce sont suspendus aux rochers, mais ils ne bougent pas, ils sont comme momifiés. Au lever du rideau, une symphonie lugubre se fait entendre, mêlée par intervalles de mugissements fantastiques.

SCÈNE PREMIÈRE

LE DESTIN, *dans la coulisse, après la symphonie.*

Allez vous promener et que le diable vous emporte ! (Éclatant.) A-t-on jamais vu ça !... Peut-on se faire une idée de pareilles choses ! Décidément, le genre humain devient fou... Tous les hommes sont atteints d'aliénation mentale... à moins que ce ne soit moi, le Destin, qui... Mais non, ventre-de-biche ! Le Destin n'est pas un idiot... J'ai toujours su ce que je faisais. Et ces hommes, ces mortels ingrats qui me maudissent, je les ai toujours protégés ! Enfin, il y a deux mille ans, une ribambelle d'enchanteurs, de sorciers, de fées, de lutins, tout un monde d'esprits, s'était répandu sur la terre... Et, pendant quatorze siècles, il fallait voir comme ils s'y conduisaient... Les enchanteurs enchantaient les jeunes filles ; les fées enlevaient les jeunes garçons ; les lutins, les farfadets se faisaient un malin plaisir d'asticoter le genre humain... J'avais les oreilles assourdies de clameurs, de plaintes, de cris... Eh bien ! qu'ai-je fait, dans l'intérêt de ces crétins de mortels ? Par un beau soir d'hiver, j'ai rassemblé dans ces plaines arides les sorciers et les sorcières de tout rang et de toute catégorie, et, d'un seul coup de ma baguette, plus puissante que tous les talismans, je les ai réduits au silence et à l'immobilité... Les voilà... oubliés, endormis, momifiés !... Depuis six cents ans, les hommes en sont délivrés, et cela, grâce à moi... Donc, je devais me dire : Maintenant qu'ils vont vivre entre eux, ils vont se montrer raisonnables, se bien aimer les uns les autres... Les hommes seront sages, les jeunes filles innocentes, les femmes honnêtes, fidèles... Ah bien oui !

AIR : *Antiquaire savant.*

C'est plus fort que jamais,
Et je le reconnais,
Moi, l'immortel Destin,
Moi-même j'y perds mon latin !

Les noirs esprits, les farfadets, les gnomes,
L'enfer lui-même, où tous les diables sont,
N'ont jamais fait autant de mal aux hommes
Que, chaque jour, eux-mêmes ils s'en font.

Déraisonnant toujours,
Dans les clubs, dans les cours,
Ils savent parler, mais
C'est pour ne s'entendre jamais !

Tous les mortels, fous ou déraisonnables,
A chaque instant se laissent entraîner ;
Les gouvernés sont tous ingouvernables,
Les gouvernants savent mal gouverner.

Tous ont des passions
Et des ambitions
Qui, dans les nations,
Causent des révolutions.

L'homme est léger, orgueilleux et frivole,
Jaloux, ingrat, de lui seul toujours fier ;
Vous le verrez demain briser l'idole
Qu'à deux genoux il adorait hier.

En ménage, où, joyeux,
On devrait vivre deux,
Sur la terre on vit trois
Et même quatre quelquefois.

En mariage, ainsi qu'en politique,
Comme en affaire, en amour, ici-bas,
Tout ce qu'on a devient antipathique,
On ne voudrait que ce que l'on n'a pas.

Enfin, tout me le dit,
L'homme a perdu l'esprit,
Et moi, moi, le Destin,
Moi-même, j'y perds mon latin !

Et ce qui m'amuse, c'est la prétention de tous ces pygmées qui se disent des esprits forts et se vantent de ne plus croire à rien, quand, journellement, ils se font dire la bonne aventure par le premier charlatan qui se présente, spirite, somnambule ou nécromancien !...
Eh mais ! j'y songe, ne suis-je pas un peu la cause de ce qui arrive ?... Quand il y avait de véritables sorciers dans le monde, aucun mortel n'aurait osé se prétendre instruit des secrets du destin... Tant que les hommes ont eu à craindre le pouvoir des enchanteurs et des fées, ils ne songeaient pas à s'affranchir de leurs devoirs... Si je réveillais cette forêt endormie ?... Si de nouveau, je renvoyais sur la terre les Rotomago, les Alcofribas, les Parafaragaramus et toutes les sorcières, tous les lutins qui sommeillent ici ? (*Réfléchissant.*) Diable ! diable ! ressusciter la *Mérigue* 1872 ?... Et pourquoi pas ?

Ceux qui [...]
Les plus [...] sorciers de la terre,
Et [...] à chaque pas
Des Merlin, des Alcofribas
Feront un peu moins d'embarras.
Sans hésiter une seconde,
Réveillons-les !... Et, si le monde
N'en marche pas mieux... au total,
Il n'en marchera pas plus mal.

C'est dit ! à l'œuvre !...

AIR *nouveau de M. Raspail.*

Vous tous qui reposez dans ces arides plaines,
Lutins et farfadets, noirs nécromanciens,
Esprits, sorciers, magiciens
Et charmantes magiciennes,
Pour corriger le genre humain,
Réveillez-vous à la voix du Destin !

Le décor change ; la lune disparaît et l'on se trouve en plein soleil, dans une campagne fleurie. Le théâtre est couvert de personnages féeriques.

SCÈNE II

LE DESTIN, ALCOFRIBAS, MADAME ALCOFRIBAS, ENCHANTEURS, FÉES, LUTINS, etc.

CHŒUR.

AIR *nouveau de M. Raspail.*

D'où vient cet éclat sans pareil ?
C'est le soleil ! c'est le soleil !
Tous nous sortons d'un long sommeil,
C'est le réveil ! c'est le réveil !

Tous les personnages se mettent à courir sur le théâtre pendant la suite du chœur, dont le mouvement va crescendo, allant, dansant, se croisant comme dans une ronde de sabbat.

Gloire au Destin
Qui, ce matin,
Nous rend à l'existence !
Et grâce à lui,
Tous aujourd'hui
Reprenons la puissance !
Soyons cruels !
Guerre aux mortels
Et guerre à l'innocence !
Embrouillons tout
Et que partout
La lutte recommence !

MADAME ALCOFRIBAS, entrant. Ah! je te revois! je te retrouve!...
ALCOFRIBAS, entrant. Eh quoi! réveillés!
MADAME ALCOFRIBAS, dans les bras de son mari. Oui, réveillés tous deux, tombés l'un à l'autre!... O joie!
ALCOFRIBAS. O bonheur!
MADAME ALCOFRIBAS. O félicité!

LE DESTIN.
Silence! silence!

Tout le monde s'arrête.

Vous dormiez depuis six cents ans
Et les hommes, pendant ce temps,
Ont fait de singulières choses;
Ils ont, en servant mille causes,
Suivi plus d'un mauvais chemin;
Venez donc, je vais vous apprendre
Ce que de vous je puis attendre
Dans l'intérêt du genre humain!

REPRISE DU CHŒUR.
Gloire au Destin,
Qui, ce matin... etc.

Pendant cette reprise, tous les personnages recommencent leurs déplorations, puis ils défilent devant le Destin, qui sort avec eux par la gauche.

SCÈNE III
ALCOFRIBAS, MADAME ALCOFRIBAS.

MADAME ALCOFRIBAS, arrêtant son mari qui se disposait à suivre le cortège. Où allez-vous?
ALCOFRIBAS. Mais... tu le vois, ma bonne, j'obéis au Destin.

Fredonnant l'air précédent.

Gloire au Destin,
Qui, ce matin...

MADAME ALCOFRIBAS. Restez!
ALCOFRIBAS. Pourtant, chère amie, le Destin, c'est mon maître, et quand il a parlé...
MADAME ALCOFRIBAS. Taisez-vous!... Le Destin, votre maître? Et moi, monsieur, que suis-je, s'il vous plaît?
ALCOFRIBAS. Toi! mais...
MADAME ALCOFRIBAS. Silence!... ne m'interrompez pas! Oh! je sais qu'à peine sorti de votre long sommeil, vous brûlez du désir de recommencer vos frasques, vos fantaisies...
ALCOFRIBAS. Eh! quoi, tu pourrais croire?...
MADAME ALCOFRIBAS. Monstre! vous imaginez-vous que j'aie oublié ce billet?...

Elle montre un papier qu'elle tire de son sein.

ALCOFRIBAS. Ce billet?
MADAME ALCOFRIBAS. Doux, monsieur, doux!... Le jour même où le Destin nous a frappés d'anéantissement, vous écriviez à une jeune fille, nommée Clotilde, que vous l'attendiez au bois de Saint-Landry... Est-ce encore à ce rendez-vous que vous brûlez de courir?
ALCOFRIBAS. Comment, tu peux croire que je brûle d'aller à un rendez-vous que j'ai donné il y a six cents ans?...
MADAME ALCOFRIBAS. A celui-là ou à tout autre, qu'importe! N'êtes-vous pas un coureur, un volage, un débauché?
ALCOFRIBAS, se récriant. Oh!
MADAME ALCOFRIBAS. Oh! les fées me sont témoins que lorsque le Destin nous a déclaré qu'en punition de tous nos méfaits, il allait nous endormir pour l'éternité, j'ai béni son arrêt! Oui, je me suis élancée dans vos bras, et je me suis endormie sur votre sein, heureuse de cet arrêt qui vous enchaînait à mes côtés!... Nous allions commencer ensemble une nuit éternelle... (Changement de ton.) Qui, du reste, devait ressembler à toutes nos nuits précédentes; car, Dieu merci, depuis notre mariage au pays des feux-follets, vous ne vous étiez pas réveillé souvent.
ALCOFRIBAS. Azéma!... ces détails de la vie privée...
MADAME ALCOFRIBAS. En revanche, vous profitiez de mon sommeil pour me quitter avant le jour... et souvent, trop souvent, vous ne rentriez pas même à la nuit...
ALCOFRIBAS. Je le jure...
MADAME ALCOFRIBAS, l'interrompant et d'un ton éclatant. Vous avez découché!... ne mentez pas! vous avez découché!

ALCOFRIBAS. Voyons, est-ce qu'il est possible qu'un enchanteur?...
MADAME ALCOFRIBAS. Enchanteur! vous!... Allons donc! vous n'avez jamais enchanté personne.
ALCOFRIBAS. Oh!
MADAME ALCOFRIBAS. Ah! le Destin m'a bien vengée!... Il vous a donné tous les pouvoirs, excepté celui de plaire..
ALCOFRIBAS, à part. Ah! mais, elle m'ennuie!

SCÈNE IV
LES MÊMES, LE DESTIN.

LE DESTIN, reparaissant au fond et à part. Ah çà! que fait donc Alcofribas!
ALCOFRIBAS. Voyons, Azéma, le Destin nous attend, et...
MADAME ALCOFRIBAS, le retenant par le bras. Un instant!... Écoutez d'abord ce que je vais vous dire.
ALCOFRIBAS. J'écoute.
LE DESTIN, à part. Et moi aussi.
MADAME ALCOFRIBAS. Il est probable que nous allons retourner sur la terre. Ce vieil imbécile de Destin ne nous a réveillés sans doute que parce qu'il avait besoin de nous... Il ne manquera pas de se trouver sur votre chemin de nouvelles Clotildes... Retenez bien ceci: partout où vous irez, j'irai!... partout où vous serez, je serai!
ALCOFRIBAS, à part. Quel crampon!
MADAME ALCOFRIBAS. Et malheur à vous, si vous me trompez! malheur à mes rivales! Vous êtes un Alcofribas, mais je suis une Abracadamante, mon pouvoir est égal au vôtre, ne l'oubliez pas!

Bruit au dehors.

ALCOFRIBAS. Là!... Qu'est-ce que je te disais! sans doute, on s'est aperçu de notre absence, et le Destin...
MADAME ALCOFRIBAS. Eh! laissez-moi donc tranquille avec votre Destin... Un vieux ramolli, qui embrouille tout!...
LE DESTIN, à part. Ouais!... voilà une parole qui te coûtera cher!

SCÈNE V
LES MÊMES, LES ENCHANTEURS, LES FÉES, LES LUTINS, etc., etc.

CHŒUR.

Air: Final de l'introduction d'Héloïse et d'Abélard.

Deux à deux, quatre à quatre,
Mettons-nous en chemin!
Tous, nous allons combattre
Un nous vainc: le genre humain!
Partons soudain! (6 fois).
Deux à deux, quatre à quatre..., etc.

LE DESTIN, s'avançant. Eh bien! où est-il donc cet Alcofribas?
ALCOFRIBAS. Me voilà, maître.
LE DESTIN. Et pourquoi ne m'as-tu pas suivi comme les autres?
ALCOFRIBAS. C'est ma femme qui...
MADAME ALCOFRIBAS. Le Destin comprendra que deux époux qui se réveillent après six cents ans d'un sommeil improductif....
LE DESTIN, avec ironie. Oui... oui, le Destin comprend tout... C'est ton avis, n'est-ce pas?
ALCOFRIBAS. Oh! certes!... N'êtes-vous pas l'esprit le plus éclairé, le plus perspicace, le plus intelligent des esprits?...
LE DESTIN. C'est mon opinion... Et je veux te donner une nouvelle preuve de mon inépuisable bonté. Comme deux époux si tendrement unis doivent avoir besoin d'épancher leurs sentiments mutuels, je renonce à tous les services que pourrait me rendre ton mari.
MADAME ALCOFRIBAS. Vraiment?
LE DESTIN. Je veux qu'il puisse te consacrer tout son temps.
ALCOFRIBAS, réclamant. Ah mais! permettez...
LE DESTIN. Je ne t'en fais pas un devoir; si vous vous en-

nuyez l'un près de l'autre, libre à vous d'aller chacun de votre côté...

MADAME ALCOFRIBAS. Y songez-vous? une semblable autorisation... Mais après tout, qu'importe?.. je saurai si bien m'attacher à ses pas...

LE DESTIN. Un instant!.. Ce serait de la persécution... Ton mari doit être libre...

ALCOFRIBAS. A la bonne heure!

MADAME ALCOFRIBAS. Comment?... libre de me tromper?

LE DESTIN. Je ne le lui conseille pas, mais je ne saurais l'en empêcher.

MADAME ALCOFRIBAS. Je l'en empêcherai, moi!

LE DESTIN. Non! car je t'empêcherai de l'en empêcher.

MADAME ALCOFRIBAS. Vous?

LE DESTIN. Que veux-tu?.. Il y a des moments où je ne sais pas ce que je fais, où j'embrouille tout. Et, ce matin, en revoyant mon livre... tu sais, le grand livre du Destin.. je me suis aperçu d'une grosse erreur que j'avais commise.

TOUS. Une erreur!

LE DESTIN. J'ai trouvé à la page qui te concerne que chaque fois que je voudrais contrarier les projets amoureux de ton mari, tu arriverais ou trop tôt ou trop tard.

MADAME ALCOFRIBAS, bondissant. De par les enchanteurs mes aïeux, de par les sorcières mes aïeules, vous avez écrit cela?

LE DESTIN. Hélas! oui!... cet imbécile de Destin est tellement ramolli.

MADAME ALCOFRIBAS, à part. Oh! il m'a entendue! c'est un impair!

ALCOFRIBAS, à part, se frottant les mains. Quelle chance!

LE DESTIN.
Air nouveau de M. Raspail.
Que tous les sorciers, que tous les enchanteurs
Sur terre se répandent
Et, s'il se peut, qu'ils rendent
Hommes et femmes meilleurs!

REPRISE ENSEMBLE.
Que tous les sorciers, que tous les enchanteurs, etc.

LE DESTIN.
Vous connaissez mes lois
A mes ordres fidèles
Reprenez tous vos droits!
Aux Alcofribas :
Et vous, époux modèles
Restez, vous le pouvez,
Quel bonheur est le vôtre!
L'un pour l'autre vivez,
Ou vivez l'un sans l'autre!

CHŒUR.
Que tous les sorciers, que tous les enchanteurs, etc.

Sur la reprise, le Destin se met à la tête des personnages qui défilent pour sortir. — Alcofribas veut les suivre ; mais sa femme l'arrête et le fait redescendre.

MADAME ALCOFRIBAS, d'une voix tonnante. Ah! tu resteras! je ne te quitte plus!

ALCOFRIBAS. Cramponné!...

Le rideau baisse.

ACTE PREMIER

PREMIER TABLEAU

En Bretagne. — Une basse-cour. — Petite porte d'entrée au fond, à droite. — Tout le reste est occupé par un poulailler. — A droite et à gauche sur le deuxième plan, deux cages à poules.

SCÈNE PREMIÈRE

Au lever du rideau, la scène est vide. — On entend les cris furieux des volatiles renfermés dans le poulailler et qu'on aperçoit, à travers le grillage, se traitant à coups de bec.

ÉLOI, accourant par la gauche. Allons!... les v'là encore qui se battent! Satanés volailles!... Pas moyen d'en venir à bout!... Sans cesse à crier, à se disputer!... Ces bêtes-là me feront tourner en bourrique...

Air : Des Anguilles (Masaniello).

Jarnit c'est à perd' la cervelle,
C'est à s'arracher les cheveux!
Jour et nuit, ils sont en querelle,
Ils s'asticot'nt à qui mieux mieux.
Au public.
Entendez-vous ces cris atroces?
Vrai, j'préfér'rais, pour sommeiller,
Vivre au milieu des b'tes féroces
Que de garder un poulailler!
Mieux vaut garder des bêt's féroces
Qu'les habitants d'c'poulailler!

Se tournant vers les volatiles dont les cris redoublent et avec colère.

Ah çà! vous tairez-vous, à la fin des fins!...

SCÈNE II

ÉLOI, MADAME ALCOFRIBAS, en bergère bretonne, une botte à la main.

MADAME ALCOFRIBAS, paraissant à la porte du fond. Eh bien! quoi donc?... Qu'y a-t-il?

ÉLOI, ficané. Tiens! une bergère!

MADAME ALCOFRIBAS, s'approchant et à part. Mon mari n'est pas là... Pourtant je l'ai aperçu qui rôdait aux alentours de cette ferme. (Haut.) Oui, je passais, lorsque j'ai entendu tes vociférations... voyons, parle, explique-toi... qui te met en fureur?

ÉLOI. Qui?... Eh! pardié! c'est ma basse-cour.

MADAME ALCOFRIBAS. Ta basse-cour.

ÉLOI. Tenez!... En font-y un ramage là-dedans!

MADAME ALCOFRIBAS, se tournant vers le poulailler. Il s'agit probablement de quelque rivalité, de quelque jalousie...

ÉLOI. Juste! au sujet d'une jolie petite poule blanche...

MADAME ALCOFRIBAS. Qu'un coq reluque?...

ÉLOI. Et dont une poule noire est jalouse.

MADAME ALCOFRIBAS. Parbleu! c'est clair!... Oh! ces poulettes!... ces cocottes!... Toujours à semer la zizanie!

ÉLOI. La noire a ameuté l'autre tout le poulailler.

MADAME ALCOFRIBAS. Par vengeance!... naturellement.

ÉLOI. Et à chaque instant on se prend de bec... Pas une minute de tranquillité, quoi!

MADAME ALCOFRIBAS. Eh bien! nigaud, qu'est-ce qui t'empêche de les séparer?

ÉLOI. Tiens, c'est une idée, ça!... Justement il y a là deux cages. (Allant ouvrir le poulailler et prenant une poule noire.) Viens par ici, toi, la moricaude... Eh ben! eh! ben! des coups de bec!... (A madame Alcofribas.) Hein? a-t-elle l'air furibond! (Il la porte sous la cage de gauche.) Ne bougeons plus!...

MADAME ALCOFRIBAS. Et d'une!

ÉLOI, retournant au poulailler et prenant une poule blanche. Celle-là n'est pas trop méchante... quoique fièrement coquette...

MADAME ALCOFRIBAS. Ah! dame, elle fait son métier de poule.

ÉLOI. C'est ma préférée... (Caressant la poule.) Allons, ma mignonne, entre là... va faire dodo... (Il la met sous la cage de droite qu'il recouvre d'un manteau de laine. — Nouveaux cris dans le poulailler.) Allons, bon! Voilà le charivari qui recommence!

MADAME ALCOFRIBAS, riant. Ils regrettent leurs dulcinées!...

ÉLOI. Et vous croyez que je n'aimerais pas mieux avoir à gouverner des humains!...

MADAME ALCOFRIBAS. Eh! mon garçon, les humains ne valent pas mieux que les volatiles... Poil ou plume, c'est tout un! Cette basse-cour est l'image de la société...

ÉLOI. Allons donc! vous voulez rire?

MADAME ALCOFRIBAS. Non, vraiment! Ce cocodès courant de la brune à la blonde, et que toutes les femmes s'arrachent : un coq parmi des poules! — Ce banquier qui subventionne une drôlesse : dindon! — Ces inventeurs de nouvelles, ces faiseurs de cancans : canards! Les commanditaires, les actionnaires : pigeons! — Et ces naïfs bourgeois qui, au lieu de vaquer tranquillement à leurs affaires, se fourrent dans la mêlée, en criant : vive celui-ci, ou vive celui-là! et tandis que les malins empochent les profits, ces inventeurs que sont les borions, des oies! Là, comme ici, des coquetteries, des intrigues, des rivalités, des querelles ; on braille, on bataille, on se chamaille, on

plume les autres, ou on est plumé! Enfin, je te l'ai dit, un poulailler, c'est le monde, quoi! c'est le monde!
ÉLOI, incrédule. Oh!
MADAME ALCOFRIBAS. En petit, réduction-Collas! Voyons, veux-tu en faire l'épreuve?
ÉLOI. L'épreuve! Comment ça?
MADAME ALCOFRIBAS. Telle que tu me vois, je suis un peu sorcière.
ÉLOI. Ah bah!
MADAME ALCOFRIBAS. Je puis, si tu le désires, métamorphoser en hommes et en femmes tout ce peuple emplumé.
ÉLOI. Il serait possible!... Ah! pardi!... j'voudrais ben voir ça!
MADAME ALCOFRIBAS. Eh bien! sois donc satisfait! A ces deux là, d'abord!...

Elle étend sa houlette vers l'une et l'autre cage. — Aussitôt à la place des deux poules qu'elles renfermaient, on voit paraître deux jeunes paysannes bretonnes, Cocotte (la poule blanche) — Pintade (la poule noire).

ÉLOI, stupéfait. Que vois-je!... des jeunesses!

SCÈNE III

Les Mêmes, COCOTTE, PINTADE.

COCOTTE.

Air nouveau de M. Raspail.

Ah! quel changement,
Quelle merveille
Sans pareille!
Sous ce vêtement,
En ce moment,
Je me réveille!

PINTADE.

Ah! quel changement!
Quel sort charmant!
Quelle merveille!
Qui m'eût dit jamais
Que fille je r'viendrais
De poule que j'étais!

ÉLOI, à madame Alcofribas en désignant Pintade.
Mais voyez donc quel beau brin d'fille!

Regardant Cocotte avec amour.

Et celle-là, qu'elle est gentille!
PINTADE, apercevant Cocotte.
Eh mais! eh mais!
Je la r'connais!
COCOTTE, apercevant Pintade.
Eh mais! eh mais!
Je la r'connais!
PINTADE.
C'est cette petit' mijaurée
Qui t'nait tous les cœurs en échec!
COCOTTE.
C'est cette grande évaporée
Qui m'donnait toujours des coups d'bec.
PINTADE.
Elle trônait comme une reine,
Et je la voyais rechercher
Les hommag's la meilleur' graine
Mais sans avoir l'air d'y toucher!

S'avançant vers Cocotte avec colère.

Ah! c'est toi, petite,
Petite hypocrite,
Qui lorgnais toujours
Le coq mes amours!
Eh bien! sois tranquille,
J'vas te flanquer une pile!
J'veux, ça n's'ra pas long
A défaut de plumes,
Vu l'chang'ment d'costumes,
Te tirer l'chignon!
Oui, je vas pour de bon
Te crêper l'chignon!

Elle retrousse ses manches et va pour s'élancer sur Cocotte.

ÉLOI, les séparant. Eh bien!... eh! bien! encore des querelles!

MADAME ALCOFRIBAS. Que t'avais-je dit?... Aux autres, à présent! (Elle étend sa houlette vers le poulailler qui disparaît ainsi que les volatiles qui y étaient enfermés et qui sont remplacés par des paysannes et des paysans, en costume breton. Parmi eux, en première ligne, sont Coquelicot (type de coq de village), Dindonneau et Beaucanard.)

CHŒUR.

Air des Nonnes (Domino noir).

Changés ainsi !
Que veut dire ceci ?
Quel prodige inouï
Nous arrive aujourd'hui
Par quel sort étonnant,
Bizarre et surprenant,
Sommes-nous transformés,
Sommes-nous déplumés ?
Plus de geôlier !
Il faut à franc collier,
Loin de ce poulailler
Et rire et godailler !
Oui, puisque les destins
Nous offrent des humains
Les plaisirs si tentants,
Donnons-nous du bon temps!

ÉLOI. Comment! eux aussi, les poules, les canards, les dindons?
PINTADE, voyant Coquelicot. Et mon coq! C'est lui!... je le reconnais. (Elle court à lui.)
COQUELICOT. Pintade! (Apercevant Cocotte.) Et la poule blanche! (Il va pour passer près d'elle.)
PINTADE, le retenant par le bras. Restez-là ! ne bougez pas!
MADAME ALCOFRIBAS, à Éloi. Je te laisse... Au revoir!...
ÉLOI. Oui... au revoir... et merci, m'ame la sorcière!
MADAME ALCOFRIBAS, avec ironie. A ton service, mon garçon, à ton service! (A part.) Avant peu tu m'en diras des nouvelles! (Elle sort.)
PINTADE. Et nous aussi, partons!
DINDONNEAU, BEAUCANARD. Partons!
ÉLOI. C'est ça!... éloignez-vous. (A part.) Il me tarde d'être seul avec elle.
PINTADE, à Coquelicot, se rapprochant encore de Cocotte. Eh bien! Coquelicot, venez-vous?
COQUELICOT. Voilà!
PINTADE. Offrez-moi le bras... et plus vite que ça!
COQUELICOT, à part. Oh! c'te Pintade, quelle tigresse!

Reprise de la deuxième moitié du chœur.

Plus de geôlier!... etc...

Pintade prend le bras de Coquelicot et sort avec lui ainsi que les paysans.

SCÈNE IV

ÉLOI, COCOTTE.

COCOTTE, qui, pendant ce qui précède, n'a pas cessé de s'attifer. Eh bien! ils s'en vont sans moi?... (Elle va pour sortir.)
ÉLOI, l'arrêtant. Reste... j'ai à te parler.
COCOTTE. Vous?
ÉLOI. Est-ce que tu ne me reconnais pas?... Je suis Éloi... Éloi, qui soir et matin, te portait à manger... te donnait le meilleur grain. Après?
COCOTTE, toujours occupée de sa toilette. Oui, oui, je m'en souviens.
ÉLOI. Écoute-moi, jolie Cocotte...
COCOTTE. Cocotte!... Tiens... c'est gentil ce nom-là!
ÉLOI. Gentil comme toi... C'est celui que je te donnais quand...
COCOTTE. Quand j'étais poule.
ÉLOI, avec amour. Oui, une jolie poule blanche, ma petite poule de prédilection... et je veux te le conserver. (Voyant que Cocotte regarde de tous les côtés.) Qu'est-ce que tu cherches donc?
COCOTTE. Un miroir.
ÉLOI. Un miroir!
COCOTTE. Est-ce qu'il n'y en a pas chez vous?

ÉLOI. Si fait !... j'en ai un... pour me faire la barbe... le dimanche.
COCOTTE. Ah ! donnez, donnez vite !
ÉLOI, allant décrocher sa petit miroir et le lui rapportant. Le v'là !
COCOTTE, avec joie. Merci !

AIR : *Chevaliers de la Table-Ronde.*

ÉLOI.
Qu'en veux-tu faire ?
COCOTTE.
Eh bien, je veux
Arranger un brin ma toilette,
Lisser mes cils et mes cheveux.
ÉLOI, *souriant.*
Voyez-vous comme elle est coquette !
COCOTTE.
De plaire, par ce procédé,
Je sens le désir qui m'picote.
ÉLOI.
En dev'nant femme, elle a gardé
Le naturel de la cocotte ! (*bis*)

COCOTTE. Dame ! c'est tout simple ! Est-ce que ça vous fâche ?
ÉLOI. Me fâcher !... Non. Seulement, à c'l'heure que tu n'es plus poule, faudra te corriger.
COCOTTE. Me corriger ?
ÉLOI. Perdre ces habitudes de coquetterie.
COCOTTE, *se mirant toujours.* Tiens ! pourquoi donc ça ?
ÉLOI. Parce qu'elles ne conviennent pas à une jeunesse. Tu resteras avec moi... nous vivrons ensemble tous les deux.
COCOTTE. Eh bien ! et les autres ?
ÉLOI. Qui ça, les autres ?
COCOTTE. Les autres... du poulailler.
ÉLOI. Ah ! bon !... Je les congédierai... Je ne veux garder que toi,... toi seule.

AIR *précédent.*

COCOTTE.
Seule ?... Eh quoi ! toujours avec vous !
Ça n's'rait pas gai, je le parie.
ÉLOI.
Comment, pas gai ?
COCOTTE.
Dame ! entre nous,
Moi, j'aime assez la compagnie.
C'est gentil de tenir le dé...
ÉLOI.
Hein ! Plaît-il ?
COCOTTE.
Ça vous asticote ?
C'est pas ma faut' si j'ai gardé
Le naturel de la Cocotte ! *bis*

ÉLOI à part, *la regardant avec amour.* Est-elle gentille ! (*Haut.*) Voyons, ne t'émotionne pas, ne fais pas la moue... Tu verras comme je te dorloterai, comme je te dodelinerai... car je t'aime, ma petite Cocotte.
COCOTTE. Vous m'aimez ?
ÉLOI. Et si tu le veux, si tu y consens, nous nous marierons ensemble.
COCOTTE, avec répugnance. Me marier ? moi ?
ÉLOI. Tu seras madame Éloi, tu dirigeras ma ferme... nous vivrons heureux comme deux tourtereaux.

On entend un bruit d'instruments au dehors.

COCOTTE. Tiens !... de la musique !
ÉLOI. Oui, c'est la fête du village, on va danser sur la grande place.
COCOTTE, vivement. Danser !... on va danser !
ÉLOI. Qu'est-ce que ça nous fait ?
COCOTTE. Danser !... ah ! je sens mes pieds qui frétillent... La danse, ça doit être si amusant ! si...
ÉLOI. Écoute-moi...
COCOTTE, à part. Danser !... Co, cod, codette.
(A part.) Ah ! ma foi, je n'y résiste plus... courons !...

Elle sort précipitamment par la gauche.

ÉLOI. Comment, elle me plante là !... Où va-t-elle donc ? (Criant.) Cocotte ! Cocotte !...

Il sort en courant derrière elle. Au même instant, paraissent à la porte du fond, Coquelicot et Pintade.

SCÈNE V

PINTADE, COQUELICOT, puis BEAUCANARD, DINDONNEAU.

PINTADE à Coquelicot, qu'elle tire par le bras. Ah çà ! avancez-vous !
COQUELICOT. Mais, minute donc ! Tout à l'heure, elle voulait que je m'en aille, et à présent elle me presse de revenir !
PINTADE. J'ai mes raisons pour ça !...
COQUELICOT. Et lesquelles ?
PINTADE. J'vous ai bien vu à la fête, tournaillant autour des cotillons... en faisant le joli cœur ! — J'entends pas ça, entendez-vous ! J'veux que vous n'ayez des yeux que pour moi, que vous n'admiriez que moi, que vous ne coquettiez que pour moi !
COQUELICOT. Cependant, ma chère, en ma qualité d'ancien coq...
PINTADE. Oui, vous voudriez recommencer vos cascades ? Eh ben ! avisez-vous d'ça... et je griffe !... J'ai plus d'ergots, mais j'ai des ongles !... Et si vous me faisiez des traits...
COQUELICOT d'un ton câlin. Voyons, grosse jalouse ! ne te fâche pas... Tu sais bien que je t'aime, que je n'aime que toi...
PINTADE un peu radoucie. Et vous ne faites que votre devoir !...

Ten tremens.

AIR *nouveau de M. Cadès.*

I

Rappell'toi, parmi la volaille,
Les premiers temps de nos amours ;
Dans l'poulailler, dessus la paille,
Avons-nous passé d'heureux jours !
J'te regardais d'une façon coquette
Et tu battais d'l'aile illico ;
Quand tu faisais cocorico,
Moi, j'répondais cod, cod, codette !
Et nous reprenions en duo :
Cod, cod, codette
Cocorico !

II

Après un jour d'ardeur fidèle,
Quand v'nait l'soir, toujours amoureux,
Patt' dans la patte, aile contre aile,
Nous nous endormions tous les deux.
Et puis, dès le patron-minette,
Qu'est-c' qui m'réveillait subito ?
C'était ton doux cocorico !
Moi j'répondais : Co, cod, codette !
Et nous reprenions en duo :
Cod, cod, codette,
Cocorico !

BEAUCANARD, *entrant avec Dindonneau.* Ah ! vous voilà, vous !
COQUELICOT. Beaucanard !... Dindonneau !
DINDONNEAU. Oui, nous vous cherchions...
BEAUCANARD. Nous venons de la fête.
COQUELICOT. Eh bien ! comment te trouves-tu de notre métamorphose ?
BEAUCANARD. A merveille !... Cette nouvelle existence me va, elle me chausse parfaitement !
PINTADE. Et vous, Dindonneau ?
DINDONNEAU. Moi, je suis ravi, enchanté.
COQUELICOT, riant. Oui, dites donc, avez-vous vu, au bal, comme il faisait jabot, l'ex-dindon ?
PINTADE. Pas tant que vous, qui reluquiez toutes les jeunesses !
COQUELICOT, avec impatience. Ça va commencer !
BEAUCANARD. Voyons, voyons, ne nous chamaillons pas !
DINDONNEAU. Parlons plutôt de nos projets !
BEAUCANARD. Est-ce que vous allez rester ici, vous autres ?

COQUELICOT. Dans cette bicoque? Plus souvent! je veux voir du pays... courir le monde...
BEAUCANARD ET DINDONNEAU. Moi aussi!
PINTADE, à Coquelicot. C'est ça! encore vos idées de prétentaine! Je vous défends de me quitter, entendez-vous?
COQUELICOT. Mais...
PINTADE, avec autorité. Je vous le défends!

SCÈNE VI

LES MÊMES, COCOTTE, puis ALCOFRIBAS, ensuite ÉLOI.

COCOTTE entrant par le fond, très-agitée. Ah!... quel bruit!... quelle gaieté! j'en suis toute étourdie!
LES TROIS HOMMES. Cocotte!
PINTADE, à Cocotte. C'est toi?... D'où viens-tu donc?
COCOTTE. Je viens de la danse, où j'ai fait une conquête.
TOUS. Une conquête?
COCOTTE. Et une fameuse encore!
COQUELICOT. C'est pas étonnant!... avec cette petite frimousse-là...

Il va pour passer près d'elle.

PINTADE, lui pinçant le bras. Restez là! Ne bougez pas!
COQUELICOT, à part, se frottant. Cristi! c'est ostinant!
BEAUCANARD à Cocotte. Une conquête!... Et laquelle donc?

Alcofribas, costumé en seigneur brésilien, paraît au fond et écoute.

COCOTTE. Celle d'un riche étranger, un prince, pour le moins.
TOUS. Un prince?
ALCOFRIBAS, à part. Elle parle de moi.
PINTADE. Et que t'a-t-il dit?
COCOTTE. Que j'étais gentille... qu'il était amoureux de moi... enfin ce qu'on dit à une jeune fille pour la courtiser...
PINTADE. Et v'là tout?
COQUELICOT. Il ne t'a pas offert de te rafraîchir?
DINDONNEAU. Il ne t'a pas fait quelque petit présent?
COCOTTE. Oh! il allait m'en faire, je le gagerais... quand tout à coup, pendant que je regardais les boutiques, il a disparu.
ALCOFRIBAS, à part. En apercevant ma femme qui venait à nous.
PINTADE, riant. Ah! ah! il se moquait de toi.
DINDONNEAU. C'est un pingre!
BEAUCANARD. Il a voulu rire un instant, voilà tout!
COQUELICOT, voulant passer près de Cocotte. Ça n'est pas un homme sérieux, ça, ma fille!
PINTADE, le pinçant. Ne bougez pas!
COQUELICOT, se frottant. Encore!
COCOTTE. C'est dommage... Il avait l'air joliment à son aise... Et je serais si contente d'avoir de belles robes, des bijoux, comme ces dames de la ville que j'ai vues à la fête.
ALCOFRIBAS, s'approche. Vraiment! ce te ferait plaisir?
COCOTTE, avec joie. C'est lui!.. mon prince étranger!
TOUS. Le prince!
ALCOFRIBAS. Oui, je t'ai suivie... Je viens d'entendre les vœux que tu formais, et je t'offre de les exaucer.
COCOTTE. Vous?
ALCOFRIBAS. Moi, Alvarez de Rio-Blagas, riche et noble brésilien.
TOUS. Un Brésilien!
ALCOFRIBAS. Possesseur d'un revenu de trois cent mille piastres, de cinq cents nègres et de deux mines de zinc près de Fernambouc. Eh bien! mes piastres, mes nègres, mon cœur et mes mines de zinc, je mets tout à tes pieds.
COCOTTE. Vrai?
PINTADE, à part avec jalousie. En v'là de la chance! (s'attirant) Si je pouvais le lui souffler!
ALCOFRIBAS. Dis un mot, ravissante poulette, et je te conduis à Paris, et je fais de toi une étoile de première grandeur!
COCOTTE, enchantée. Une étoile?.. je serais une étoile!

ALCOFRIBAS.

Air *des Bavards*.

Je veux embellir ta vie,
Avec toi je meurs d'envie
De partager mes trésors.

TOUS.
De partager ses trésors!

ALCOFRIBAS.
A toi riches bagatelles,
A toi rubis et dentelles,
Et calèche à huit ressorts!

TOUS.
Un' calèche à huit ressorts!

ALCOFRIBAS.
Je vais à l'embarcadère,
Le train part, décide toi!
Avec moi, viens-tu, ma chère?

COCOTTE.
Eh bien soit! emmenez-moi!

ENSEMBLE.

A Paris! à Paris!
Séjour des jeux et des ris,
A Paris! à Paris!
C'est le paradis!

ÉLOI, accourant. Hein?.. Qu'est-ce que j'entends?.. Tu pars?.. tu veux me quitter?
COCOTTE. Eh bien! oui, on m'offre la fortune, et j'accepte!
ÉLOI, atterré. Ah! mon Dieu!
ALCOFRIBAS, entraînant Cocotte. Viens! viens!

Ils s'éloignent vivement par le fond. — Au même instant on entend dehors, à gauche, la voix de madame Alcofribas. — La musique continue plus jusqu'à la fin.

SCÈNE VII

LES MÊMES, moins Cocotte et Alcofribas, MADAME ALCOFRIBAS.

MADAME ALCOFRIBAS, entrant comme un ouragan. Où est-il?.. où est-il, le chenapan?
TOUS. Qui donc?... qui demandez-vous?
MADAME ALCOFRIBAS. Un vieux séducteur, un vieux libertin que j'ai vu traîner ses guêtres par ici.
PINTADE, à part. C'est le Brésilien!
ÉLOI. Il vient de partir avec Cocotte.
MADAME ALCOFRIBAS. Saperlipopette! j'arrive trop tard!
PINTADE. Il l'enlève.
COQUELICOT. Pour la conduire à Paris!
MADAME ALCOFRIBAS. A Paris! Oh! je l'y suivrai! il m'y retrouvera!
ÉLOI, se désolant. La volage! m'abandonner! me trahir ainsi!
MADAME ALCOFRIBAS. Ça te chiffonne?... Eh bien! viens avec moi!
ÉLOI. Comment?
MADAME ALCOFRIBAS. Je t'emmène! Je vous emmène tous.
TOUS. Ah! bah!
MADAME ALCOFRIBAS. Vous m'aiderez à contrecarrer ses plans amoureux, à lui souffler sa Cocotte.
TOUS. Oui! oui!.. partons!
MADAME ALCOFRIBAS, à part avec colère. Ah! brigand! vieille chabraque! tu en verras de grises!

REPRISE DU CHŒUR.

A Paris! à Paris!
Séjour des jeux et des ris!
A Paris! à Paris!
C'est le paradis!

(Sortie générale. — Changement à vue.)

DEUXIÈME TABLEAU

Le jardin du Château-Rouge.

SCÈNE PREMIÈRE

FRANCESCA, DOLORÈS, LAURENCE, NANA, LÉONTINE, CASCADINE, FOLICHONETTE.

CHŒUR.

Air du *Petit Faust*.

Vive le Château-Rouge !
Jamais le plaisir ne bouge
De cet endroit fréquenté
Par l'amour et la gaîté !
FRANCESCA.
Oui, c'est un bal folichon.
NANA.
J'aime sa course au cochon.
LAURENCE.
Ah ! les belles fêtes !
TOUTES.
Fêtes, fêtes, fêtes !
DOLORÈS.
Ici viennent les gandins.
LÉONTINE.
Les cocodès et les daims.
CASCADINE.
Bref, un tas de bêtes.
TOUTES.
Bêtes, bêtes, bêtes !
REPRISE.
Vive le Château-Rouge, etc.

FOLICHONETTE. Comment ! personne ici ?...
FRANCESCA. Ah çà ! nous sommes donc les premières ?
DOLORÈS. Oh ! non... il y a déjà beaucoup de monde autour de l'étang.
LAURENCE. On admire le héros de la fête, qui prend sa nourriture avant de prendre son bain.
LÉONTINE. Celui du jour s'appelle Isidore... Ah ! c'est une bien belle bête !... des soies longues de ça !...
NANA. Vous ne savez pas une idée qui m'est venue ?
TOUTES. Quoi donc ?
FRANCESCA. Déballe ton idée !
NANA. Eh bien ! c'est de m'offrir comme récompense au vainqueur.
CASCADINE. Au vainqueur d'Isidore ?
NANA. Oui, parce que j'aime le boudin et le jambon.
DOLORÈS. Ça n'est pas une mauvaise idée.
CASCADINE. D'autant plus que les conquêtes deviennent difficiles par le temps qui court.
LAURENCE. Ah ! oui, surtout depuis l'arrivée de cette Cocotte, qui nous éclipse de son chic.
LÉONTINE. Il n'y a plus de regards que pour elle.
FRANCESCA. Cocotte !... s'appeler Cocotte !... quand on en exerce la profession.
NANA. C'est pas un nom, c'est un truc !
TOUTES. Un truc ?
NANA. Eh ! oui, pour faire parler d'elle.
CASCADINE. Ah ! vous ne savez pas, mesdames, Cocotte va avoir une concurrente.
DOLORÈS. Parbleu ! les concurrentes ne lui manquent pas.
LAURENCE. Il y a nous, d'abord.
CASCADINE. Oui, mais une concurrente sérieuse.
LÉONTINE, *avec fierté*. Plus sérieuse que nous ?
CASCADINE. J'ai entendu parler d'une jeune fille arrivée à Paris en même temps qu'elle.
TOUTES. Eh ! bien ?
CASCADINE. Eh ! bien, elle a trouvé un Anglais.
FOLICHONETTE. Un Anglais ! mon rêve !
CASCADINE. Qui lui donne hôtel, chevaux, équipage, si bien qu'elle a juré de dégoter sa rivale... Et c'est aujourd'hui, au Château-Rouge, que la lutte doit commencer.
FRANCESCA. La lutte entre l'Angleterre et le Brésil... Bravo !...
DOLORÈS. On va se lancer des piastres et des banknotes par la figure !...

ENSEMBLE.

Air. *Rondeau du boudoir de Vénus*.

Ah ! que notre existence est drôle !
Dans notre monde folichon,
Chacun vient pour jouer un rôle
Et le nôtre est bien drôlichon !
FRANCESCA.
Ce bon rôle consiste à plaire,
A plaire à chacun tour à tour ;
Nous n'avons qu'une chose à faire,
Et cette chose, c'est l'amour.
LAURENCE.
L'amour, chose très-lucrative,
Que Paris longtemps regretta,
Mais qui par bonheur nous arrive
Et de Londres et de la Plata.
LÉONTINE.
Pour humilier nos rivales,
Nous dépensons, sans calculer,
L'or de toutes les capitales ;
C'est nous qui le faisons rouler.
CASCADINE.
Nous succombons, et nos défaites
Pour l'étranger sont des succès ;
Heureusement, de leurs conquêtes,
Tous nos vainqueurs soldent les frais.
FOLICHONETTE.
Et l'on serait heureux sur terre
Si le monde où nous combattons
Ne connaissait pas d'autre guerre
Que la guerre que nous faisons.

ENSEMBLE.

Ah ! que notre existence est drôle !
Dans notre monde folichon,
Chacun vient pour jouer un rôle,
Et le nôtre est bien drôlichon !

MADAME ALCOFRIBAS, *entrant*. Fleurissez-vous, mesdames, fleurissez-vous !
LAURENCE, *regardant*. Ah ! regardez donc !...
FRANCESCA. Eh bien ! en voilà une bouquetière !

SCÈNE II

LES MÊMES, MADAME ALCOFRIBAS, *en bouquetière du Jockey-Club*.

MADAME ALCOFRIBAS. De belles roses !... de beaux œillets !... Voyons, mes petites chattes, achetez-moi quelque chose !
DOLORÈS. Nous, acheter des fleurs ?
FRANCESCA. On en achète pour nous, mais nous n'en achetons pas !...
MADAME ALCOFRIBAS. Allons donc !... Est-ce que vous croyez que je suis née d'hier ?... Faut bien que vous en achetiez pour faire croire qu'on vous en donne.
TOUTES. Hein ? plaît-il ?
MADAME ALCOFRIBAS. Faut pas me la faire à moi, mes amours... je connais les ficelles... L'homme est généralement un cornichon... Il n'admire que ce qu'on lui prône... Et encore faut-il lui mettre le nez dessus... Vous seriez des boutons de rose — ce qui est une supposition — que si vous ne leur disiez pas : « Regardez donc, messieurs, les jolis boutons de rose ! » les hommes passeraient devant vous comme devant des pissenlits. Ah ! c'est comme ça, et vous pouvez en croire la jugeote d'une femme qui n'a pas toujours vendu des bouquets ! Dieu merci, j'ai eu d'autres cordes à mon arc, et je puis vous le dire : l'homme ne donne des fleurs qu'à celles qui en ont déjà !

LAURENCE. Mazette!... vous avez de l'expérience, vous!
MADAME ALCOFRIBAS. C'est toujours comme ça! On commence par avoir de l'innocence, et l'on finit par avoir de l'expérience. Quand vous aurez de l'expérience, vous ne serez plus bonnes à rien... Mais vous aurez équipage, comme tant d'autres, qui n'ont plus que ça que mériter.
NANA. Vous n'avez pourtant pas d'équipage, vous!
MADAME ALCOFRIBAS. Oh! moi, j'ai eu des malheurs! mon expérience a été tempérée par la gourmandise... J'ai mangé trois hôtels et vingt-cinq carrosses.
LÉONTINE. Vingt-cinq carrosses!
MADAME ALCOFRIBAS. Sans compter les chevaux... que j'ai transformés en écrevisses bordelaises... C'est ça qui m'a fait aller à reculons. Voyons, m'achetez-vous quelque chose?
CASCADINE, qui était remontée. Ah! mesdames, les voilà!
FRANCESCA. Qui?... ces messieurs?...
CASCADINE. Oui... ils viennent d'entrer au café.
DOLORÈS. Vite, allons les y rejoindre!...
TOUTES, sortant. Dépêchons-nous!... (Elles sortent par le fond à gauche.)
MADAME ALCOFRIBAS, seule. Canaille de destin!... Dire que c'est lui qui m'oblige à faire le pied de grue, parmi ces oiseaux de la même espèce! Me fait-il assez poser, cet animal de Destin!... Trop tôt!... j'arrive trop tôt ou trop tard!... Mais aujourd'hui, quand je devrais prendre racine dans ce jardin, comme je sais qu'il y doit venir, le scélérat... je ne bougerai pas!... Sous ce costume, il ne se méfiera pas de moi, et si je puis le pincer, si je le tiens entre mes griffes,...

SCÈNE III

MADAME ALCOFRIBAS, BEAUCANARD, puis DINDONNEAU, puis COQUELICOT, puis enfin ALCOFRIBAS.

Beaucanard, Coquelicot et Dindonneau sont tous trois en gandins ridicules.

BEAUCANARD, entrant précipitamment. Ah! la bouquetière. Avez-vous quelque chose de beau, de très-beau à me montrer!
MADAME ALCOFRIBAS. Comment l'entendez-vous?
BEAUCANARD. Non, je veux dire... Ah! ce bouquet de pensées... C'est bon marché et c'est allégorique... Je lui dirai: « Je pense à vous, pensez à moi! » Combien ce bouquet?
MADAME ALCOFRIBAS. Cinq francs.
BEAUCANARD. C'est raide! mais je ne marchande pas... C'est pour l'adorable Cocotte!
MADAME ALCOFRIBAS, avec un geste de colère. Cocotte!
BEAUCANARD. Voilà cinq francs. (Il paye et sort comme il est entré.)
MADAME ALCOFRIBAS. Pour elle!... pour ma rivale!... Pour celle que mon jocrisse de mari roule dans l'or et dans la soie... tandis que moi...
DINDONNEAU, entrant précipitamment. Ah! la bouquetière!... je vous cherchais... Voyons votre marchandise.
MADAME ALCOFRIBAS. Ma marchandise?
DINDONNEAU. Ah! ce bouquet de roses... Oh! oui, des roses... Je lui dirai: Voilà vos sœurs! ce sera très-nouveau! Combien ce bouquet?
MADAME ALCOFRIBAS. Dix francs.
DINDONNEAU. Dix francs!
MADAME ALCOFRIBAS. Au marché aux fleurs, vingt sous, au Château-Rouge, dix francs.
DINDONNEAU. C'est juste! D'ailleurs, c'est pour la ravissante Cocotte, je ne marchande pas, voilà dix francs.

Il emporte le bouquet et sort.

MADAME ALCOFRIBAS. Encore pour elle!... Mais qu'est-ce qu'elle a donc, cette Cocotte, pour attirer les regards de tous ces imbéciles-là?... Certainement, je n'ai pas sa mignardise, ses petits bras, ses petites jambes, ses petits..., mais, comme femme solide, il me semble...
COQUELICOT, accourant. Ah! la bouquetière!
MADAME ALCOFRIBAS. Encore un!
COQUELICOT. Je voudrais un bouquet... mais pas un bouquet ordinaire...
MADAME ALCOFRIBAS. Un bouquet sans fleurs?
COQUELICOT. Non, avec des fleurs! mais des fleurs parlantes... Connaissez-vous le langage des fleurs?
MADAME ALCOFRIBAS. Je connais tous les langages.
COQUELICOT. Eh bien! je voudrais un bouquet exprimant cette pensée: Je brûle pour toi d'un amour sincère et voluptueux.

MADAME ALCOFRIBAS. C'est facile! Nous allons d'abord placer cette tulipe en tête du bouquet.
COQUELICOT. Une tulipe?
MADAME ALCOFRIBAS. Oui la tulipe signifie: déclaration d'amour.
COQUELICOT. Tiens! tiens! tiens!
MADAME ALCOFRIBAS. Ensuite, nous disons: je brûle!... je brûle: raquette-figuier des Indes.
COQUELICOT. Plaît-il?
MADAME ALCOFRIBAS, montrant la fleur. Voilà je brûle.
COQUELICOT. Ah!
MADAME ALCOFRIBAS. Pour toi... pour toi est sous-entendu... D'un amour sincère... amour, c'est l'acacia... Ah! non, l'acacia, c'est l'amour platonique.
COQUELICOT, rêveur. Il n'en faut pas!
MADAME ALCOFRIBAS. L'amour sincère, c'est l'œillet d'Inde... Voilà l'amour sincère!
COQUELICOT. Et voluptueux!
MADAME ALCOFRIBAS. Voluptueux, c'est le nénuphar... Ah! non, le nénuphar signifie: éloquence.
COQUELICOT. Tiens, je croyais que le nénuphar empêchait l'éloquence.
MADAME ALCOFRIBAS. Il y a des jours... Voluptueux, c'est la rose mousseuse. Voilà votre bouquet, jeune homme.
COQUELICOT. Et vous croyez qu'elle comprendra?
MADAME ALCOFRIBAS. Toutes les femmes comprennent.
COQUELICOT. Alors, donnez! Combien est-ce?
MADAME ALCOFRIBAS. Vingt francs.
COQUELICOT, se récriant. Vingt francs!... pour si peu de fleurs!
MADAME ALCOFRIBAS. Pas pour les fleurs, pour ce qu'elles disent!
COQUELICOT. C'est juste! Voilà un louis. Ah! Cocotte! Cocotte! puisses-tu me comprendre!

Il sort.

MADAME ALCOFRIBAS, seule. Toujours pour elle!... Voilà une jeune fille qui fait aller le commerce! Et mon mari qui n'arrive pas!... Oh! je rage!...
ALCOFRIBAS, toujours en brédouille. Ah! la bouquetière!
MADAME ALCOFRIBAS, le reconnaissant. C'est lui!
ALCOFRIBAS. Avez-vous de belles fleurs?
MADAME ALCOFRIBAS, lui donnant un œillet. Voilà une giroflée!
ALCOFRIBAS, la reconnaissant. Ma femme! (Il se sauve par la droite.)
MADAME ALCOFRIBAS, le poursuivant. Ah! gueux! tu ne m'échapperas pas! (Elle s'élance à sa poursuite. Alcofribas reparaît par le premier plan, traverse le théâtre et va se blottir dans un bosquet à gauche en disant.)
ALCOFRIBAS. Comment lui échapper?
MADAME ALCOFRIBAS, reparaissant. Ah! je t'ai vu!... je te tiens!... (Elle va pour entrer dans le bosquet, y trouve un garçon qu'elle fait pirouetter.)
ALCOFRIBAS, en garçon de café. Orgeat, limonade, de la bière!
MADAME ALCOFRIBAS, qui a regardé autour d'elle. Disparu!... évaporé!... il m'échappe!... (Regardant à gauche.) Ah! là-bas!... Non, ce n'est pas lui!... (Regardant au fond à droite.) Ah! par là!... dans la foule... Courons! (Elle sort par le fond à droite.)

SCÈNE IV

ALCOFRIBAS, puis ÉLOI et UN CONTROLEUR.

ALCOFRIBAS, qui, pendant la sortie, a fait semblant d'essuyer une table. Ouf! il était temps! Merci, Destin... Quelle vénette!... Enfin la voilà partie!... Mais si elle allait revenir? Pas moyen de filer... je suis obligé d'attendre ici Cocotte!... Oh! cette Cocotte!... Comprend-on quelque chose aux caprices des femmes? (Imitant la voix de Cocotte.) « Non, monsieur, je ne veux pas que vous m'accompagniez... allez m'attendre au Château-Rouge! » Et elle m'a mis à la porte... Mais j'y songe!... me présenter à elle sous ce costume?... Ah bien, oui; mais, d'un autre côté, si ma femme revenait... (Bruit de voix au dehors.) Hein? quel est ce bruit?

Éloi paraît en se disputant avec un contrôleur.

LE CONTROLEUR. Je vous dis que vous n'entrerez pas!
ÉLOI, en paysan breton, comme au tableau précédent. Et moi je vous dis que j'entrerai... J'ai payé, sapristi! Voilà mon billet!
LE CONTROLEUR. Du moins, donnez-moi votre bâton... On n'entre pas au bal avec des gourdins.
ÉLOI, le lui donnant. Tenez, le v'là!... et fichez-moi la paix!
LE CONTROLEUR. Oh! ces paysans!... quels butors!

Il s'éloigne.

ÉLOI, *remontant.* Hein?... qu'est-ce qu'il a dit?... (Criant.) Butor vous-même! entendez-vous!...
ALCOFRIBAS, à part. Il me semble que j'ai déjà vu ce garçon-là... Eh! oui, je me souviens, au village de Cocotte.
ÉLOI, *revenant et à part.* Oh! que je bisque!... Je n'en fais des pintes de mauvais sang! Dire que c'est plus fort que moi... J'ai beau vouloir oublier la perfide, j'y pense toujours! (Apercevant Alcofribas.) Garçon, une canette!
ALCOFRIBAS, à part. Une canette! diable!... c'est que...
ÉLOI, à lui-même. Je l'ai revue, je l'ai suppliée de r'venir au pays... Ah! bien, oui, c'est comme si je chantais... (Haut.) Eh bien! garçon, cette bière?
ALCOFRIBAS, sans bouger. Voilà! voilà! (A part, frappé d'une idée.) Ah!
ÉLOI, *continuant à se parler à lui-même.* Je voulais repartir, mais pas moyen non plus. Ah! c'est lâche, c'est... (Avec impatience et allongeant un coup de pied à Alcofribas.) Ah ça, te dépêcheras-tu, animal!
ALCOFRIBAS, avec colère. Hein! (Se calmant et à part.) Ne trahissons pas mon incognito! (Haut et du ton le plus gracieux.) Monsieur est servi...

On voit paraître sur une table qui était vide une chope de bière.

ÉLOI. Ah! c'est bien heureux! (Après avoir bu.) Dites-moi, garçon, vous connaissez toutes les personnes qui fréquentent cet établissement?
ALCOFRIBAS. Toutes, c'est beaucoup dire.
ÉLOI. Enfin, connaissez-vous une nommée Cocotte?
ALCOFRIBAS, *avec feu.* Cocotte!... si je la connais? C'est la reine du Château-Rouge!
ÉLOI. Et savez-vous si elle viendra ce soir?
ALCOFRIBAS. Certainement!... elle me l'a promis.
ÉLOI. A vous?
ALCOFRIBAS, *se reprenant.* Je voulais dire... nous l'attendons... ces messieurs l'attendent... elle a promis de venir.
ÉLOI. Avec son Brésilien, n'est-ce pas?
ALCOFRIBAS. Oui... Elle vient assez ordinairement avec son Brésilien.
ÉLOI, *avec colère.* Ah! en voilà un que je brûle de rencontrer!
ALCOFRIBAS. Pourquoi donc?
ÉLOI. Pour lui casser les reins!
ALCOFRIBAS. Hein? Comment? Lui casser?...
ÉLOI. Ah! le gredin! si je le tenais (Prenant Alcofribas à la gorge.) comme je vous tiens... (Le secouant.) il passerait un fichu quart d'heure!...
ALCOFRIBAS, criant. Eh! eh! dites donc, vous m'étranglez!
ÉLOI, *le lâchant.* Ah! excusez, garçon, je croyais...
ALCOFRIBAS, *se rajustant et à part.* En voilà un Iroquois!

Grande rumeur au dehors.

ÉLOI, *remontant pour regarder, et avec émotion.* C'est elle!... c'est Cocotte!
ALCOFRIBAS, à part. Je crois prudent de ne pas me montrer. (Il sort par la gauche. On entend crier dans la coulisse, à droite : Vive Cocotte.)
ÉLOI, à part. Ah! plus d'espoir!... Jamais elle ne renoncera à de pareils triomphes!

SCÈNE V

ÉLOI, COQUELICOT, BEAUCANARD, DINDONNEAU, FRANCESCA, DOLORÈS, CASCADINE, LAURENCE, NANA, LÉONTINE, FOLICHONETTE, Danseurs et Danseuses du Château-Rouge et ensuite COCOTTE.

CHŒUR.

Air nouveau de M. Raspail.

Vive Cocotte, notre reine!
De ses galants tout le troupeau
Doit saluer la châtelaine
Quand elle entre dans son château!

TOUS LES HOMMES *entourant Cocotte qui entre, en toilette très-élégant, mais de bon goût.*

De fleurs vous ne manquez pas, certes,
Mais prenez encor nos bouquets.

COCOTTE.

Merci, messieurs; ils sont beaux, mais
Voyez, j'en suis déjà couverte!
Malgré leurs brillantes couleurs
Et leur fraîcheur qui m'émerveille,
Pour accaparer tant de fleurs,
Je ne suis pas une corbeille!

LES HOMMES.

Eh quoi! nous refuser! C'est mal!
COQUELICOT.
Oui, c'est très-mal.
BEAUCANARD.
C'est égal...
TOUS.
C'est égal.

REPRISE DU CHŒUR.

Vive Cocotte, notre reine!... etc.

ÉLOI, *seul dans son coin et à part.* Est-elle jolie comme ça!
PINTADE, au dehors. Place! place!
TOUS. Qui vient là?
FRANCESCA. C'est l'autre, sa rivale!
COQUELICOT, *regardant.* Pintade!
TOUS. Pintade!
COQUELICOT. Crelotte! Plus que ça de chic!

SCÈNE VI

LES MÊMES, PINTADE, *en toilette des plus tapageuses et précédée par quatre valets en grande livrée.*

PINTADE.

Air nouveau de M. Raspail.

Place! place!
Lorsque je passe,
Oui, devant moi, reculez tous!
C'est moi (bis). Qu'on fasse place!
Sur mon passage, rangez-vous!

Aux laquais.

Vous, cherchez une hôtellerie
Et remisez mon huit-ressort!
Mes deux chevaux à l'écurie
Et veillez sur mes harnais d'or!

A Cocotte.

Ah! déesse du Château-Rouge,
A ces dames donnant le ton,
C'est toi qui règnes dans ce bouge
Sur tous ces gandins de carton!
Eh bien! malgré ton air si calme
Et ton sourire si railleur,
Je viens te disputer ta palme
Et l'écraser de ma splendeur!
Guerre! guerre!
Avant peu, ma chère
Nous verrons qui l'emportera!

TOUS.

Guerre! guerre!
Ça doit nous plaire
Et longtemps on en parlera!
Guerre! guerre!
Ah! dans cette affaire,
Nous verrons qui triomphera!

MADAME ALCOFRIBAS, *en dehors.* John! suivez-moi!
DOLORÈS. Ah! mesdames! mesdames!
TOUS. Qu'est-ce encore?
FRANCESCA. Regardez! regardez donc!
NANA. Encore une nouvelle étoile!

SCÈNE VII

Les Mêmes, MADAME ALCOFRIBAS en toilette abracadabrante, et suivie par un petit groom qui porte sa queue.

MADAME ALCOFRIBAS. (Une ritournelle à tout casser annonce son entrée. — Elle entre, descend droit au public, semble attendre la fin de la ritournelle pour chanter; mais quand la musique cesse, elle dit tranquillement.) Il m'a échappé, le brigand !... Mais me revoilà !... John ! lâche ma queue et donne-moi mon éventail !
PINTADE, riant. Ah! ah! ah! l'éventail est plus grand que le groom!
MADAME ALCOFRIBAS, s'éventant avec un éventail monstrueux. Qu'est-ce à dire, ma mie?
PINTADE, la saluant. Mais il n'est pas trop grand pour cacher madame.
MADAME ALCOFRIBAS. Toi, tu m'as l'air d'une drôlesse... Je dédaigne de te répondre... Mais la nommée Cocotte, qui se permet de trôner ici, où donc est-elle ?
COCOTTE, s'approchant. Me voici, madame.
MADAME ALCOFRIBAS. Ah! c'est toi, mon chou ?
COCOTTE. Messieurs, voici un placement pour vos bouquets... Ces dames n'en ont point...
PINTADE, arrachant le bouquet des mains de Coquelicot et le lui jetant à la figure. Ah! c'était pour elle? Tiens, canaille!
COQUELICOT, vexé. Madame!
MADAME ALCOFRIBAS. Silence! (A Cocotte.) Et à nous deux!
PINTADE. Non, à nous trois!
MADAME ALCOFRIBAS. Toi, tout à l'heure, sois tranquille, je te repîgerai ! Laisse-moi d'abord dire son fait à cette mijaurée qui s'avise de me souffler mes conquêtes.
COCOTTE. J'aurais eu le malheur de souffler quelque chose à madame?
MADAME ALCOFRIBAS. Où est-il ton Brésilien ?
COCOTTE. Tiens! c'est vrai... Je ne songeais plus à lui... Est-ce que par hasard il aurait le bonheur de connaître madame?
MADAME ALCOFRIBAS. Il a ce bonheur-là.
COCOTTE. Et il n'en est pas mort... de joie ?
MADAME ALCOFRIBAS. Dis donc, mon trognon, est-ce que tu crois me la faire à la blague?
COCOTTE. Moi? Oh! pas du tout! Croyez, madame, que je suis confuse de ce que j'apprends.
PINTADE. Ce n'est pas tout ça! Je ne suis pas venue ici pour écouter cette vieille folle.
MADAME ALCOFRIBAS. Vieille folle !
PINTADE. Passez donc votre chemin, ma bonne femme, on ne peut rien vous faire.
MADAME ALCOFRIBAS. Jour de Dieu !
PINTADE. La guerre est entre Cocotte et moi. Si elle t'a soufflé ton Brésilien, moi, je lui soufflerai tous ses adorateurs, (Montrant Coquelicot.) A commencer par cet imbécile, qui me payera cher ses infidélités !
LE CONTROLEUR, entrant. Messieurs, Mesdames, on va jeter Isidore à l'étang.
TOUS. Ah! à l'étang !... à l'étang!
COCOTTE. Une minute... Il faut que ce débat ait une solution... Et puis quelle guerre m'est déclarée, c'est au vainqueur d'Isidore de proclamer la véritable reine. Celle de nous trois qui sera choisie s'engage à recevoir le bouquet et les hommages du vainqueur.
BRACCANARD. Ah! je triompherai !
DINDONNEAU. La victoire est à moi !
COQUELICOT. J'aurai le prix du cochon, ou je périrai dans les flots.
TOUS. A l'étang! à l'étang!

CHŒUR.

Air :

LES HOMMES.
Jour d'honneur et de gloire,
A tous les yeux surpris,
Gagnons cette victoire
Dont Cocotte est le prix !

FEMMES.
Ah! c'est à n'y pas croire,
D'un seul objet épris,
Ils veulent la victoire
Dont Cocotte est le prix!

Sortie générale.

SCÈNE VIII

COCOTTE, ÉLOI.

COCOTTE. Ah ça mais, qu'est donc devenu le seigneur Alvarez? (Apercevant Éloi.) Éloi!
ÉLOI. Ça vous étonne de me voir?... Je vous avais dit que je vous retournais au pays.
COCOTTE. On dit tant de choses que l'on ne fait pas.
ÉLOI. Ainsi tout c'que j'viens de voir et d'entendre, ça vous amuse?
COCOTTE. Oui, ça me distrait.
ÉLOI. Et vous refusez toujours de retourner au village?
COCOTTE. Qu'est-ce que tu veux que j'y fasse, au village?
ÉLOI. Ah! si vous m'aimiez comme je vous aime !...
COCOTTE. Mais je t'aime bien... je te trouve gentil,... quelqu'un peu bête... Seulement tu as un mauvais caractère.
ÉLOI. Moi?
COCOTTE. Tu veux être aimé seul... tu es un égoïste.
ÉLOI. Vous appelez ça de l'égoïsme ?...
COCOTTE. Mais certainement !... Vois donc, si je te suivais, quelle mauvaise affaire !... D'abord, il me faudrait renoncer à toutes mes belles toilettes... à ma voiture... Pendant les premiers jours, ça irait encore... on a tant de choses à se dire pendant les premiers jours !... mais à la longue je t'ennuierais, tu m'ennuierais, et nous regretterions, moi, d'avoir quitté Paris, toi de m'avoir ramenée au village.
ÉLOI. Oh! non jamais!
COCOTTE. Pourquoi ne restes-tu pas à Paris ?... J'ai du plaisir à te voir... je te recevrais comme...
ÉLOI. Comme les autres?... Oh! non, non!

Air : *Allons, mon cœur, nous aurons fait un rêve.*

Vous l'avez dit, je suis trop égoïste,
Il est des jours où je me crois méchant;
Car le bonheur de mes rivaux m'attriste.
Les voir souffrir, ça me rendrait content!
Vous posséder, vous si jeune et si belle,
Certainement que, sans vous louanger,
C'est un bonheur... Mais j'aime mieux, mamzelle,
Ne pas l'avoir que de le partager!

COCOTTE, piquée. A ton aise!

Bruit au dehors.

ÉLOI. Qu'est-ce encore?
COCOTTE, regardant. Tiens ! la course qui commence !

SCÈNE IX

Les Mêmes, ALCOFRIBAS, en Brésilien.

ALCOFRIBAS. Ah! vous voici, ma toute belle !
COCOTTE. Enfin, c'est vous?...
ÉLOI, à part avec colère. Lui!
ALCOFRIBAS. Je viens vous chercher.
COCOTTE. Me chercher?
ALCOFRIBAS. Pour vous emmener à l'Opéra... Et de là, souper à la Maison d'Or !... Une toilette merveilleuse et une parure de diamants vous attendent... Venez!
COCOTTE. Des diamants !... Mais j'avais promis... Bah ! au fait, ce sera plus drôle... Partons !... (En sortant.) Au revoir, Éloi! au revoir!

Ils s'éloignent.

ÉLOI, après un moment de silence. Et je suis resté là!... Et je ne l'ai pas, devant elle... Allons, c'est bien fini !... Il n'y faut plus penser... (Bruit et cris au dehors.) Encore cette foule d'imbéciles !... Regardez !... regardez-les !... Ah! mon Dieu! ce pauvre Coquelicot !... comme le voilà fait!

SCÈNE X

ELOI, MADAME ALCOFRIBAS, BEAUCANARD, DINDONNEAU, COQUELICOT, PINTADE, LES COCOTTES ET LES GANDINS.

CHŒUR.

AIR : *Amusons-nous, mesdemoiselles.*

Ah! c'est charmant, j'en ris encore!
Coquelicot est un malin,
Il est le vainqueur d'Isidore,
Mais le vainqueur a pris un bain!

PINTADE, à Coquelicot. Ah! misérable pignouf, tu combats pour elle!...
COQUELICOT. Eh bien! oui, et tu as eu beau me précipiter dans l'étang, ça ne m'a pas empêché de vaincre Isidore! — (Montrant la queue.) Voici le gage de ma victoire! Où est Cocotte? que je le mette à ses pieds?...
PINTADE. Tu ne l'y mettras pas!
COQUELICOT. Je l'y mettrai!
PINTADE. Si tu l'y mets, je t'étrangle!...
ELOI. Ne vous disputez pas, Cocotte est partie...
TOUS. Partie!
ELOI. Avec le Brésilien.
MADAME ALCOFRIBAS, à part. Avec lui!... Trop tard!... toujours trop tard!...

Ritournelle.

LE CONTROLEUR. En place! en place pour la contredanse!
MADAME ALCOFRIBAS. Danser?... Eh bien! oui, je danserai... de rage.
DINDONNEAU. Mais la reine du bal... nous n'en avons plus?
PINTADE. La reine du bal, c'est moi!... et voici mon danseur!...

Elle fait pirouetter Coquelicot.

COQUELICOT. Au fait... ça me séchera.
MADAME ALCOFRIBAS. Attention!
PINTADE. En avant!

On se place. — Contredanse échevelée.

TROISIÈME TABLEAU

Un rideau tombe en premier plan, représentant une serre.

SCÈNE UNIQUE

ALCOFRIBAS, entrant et s'adressant au public.

Elle a fait fanatisme à l'Opéra... Toutes les lorgnettes étaient braquées sur notre baignoire d'avant-scène... Tous les regards, tous les hommages étaient pour Cocotte... Et moi-même, je ne l'ai jamais trouvée si jolie!... Mais, sapristi! quelle drôle de petite femme!... Bien certainement elle m'adore... je ne puis douter de son amour... (au public.) Hein ?... vous dites?... rien?... Pardon, j'avais cru entendre... (Reprenant.) Je disais donc : elle m'adore... et la preuve, ce sont ses rebuffades continuelles... Elle ne serait pas si désagréable avec moi, si je ne lui inspirais une véritable passion. Ça a l'air d'une bêtise, mais c'est la vérité... Règle générale, les femmes ne sont insupportables qu'avec ceux qu'elles aiment... Mais alors, pourquoi me flanque-t-elle toujours à la porte?... Ce soir encore, en rentrant, elle m'a fait une scène, à propos de je ne sais quelle femme que, soi-disant, j'avais remarquée... Et, se précipitant dans son boudoir, v'lan! elle m'a fermé la porte sur le nez!... Pourquoi ça? Dire que moi, Alcofribas, moi, un sorcier de première classe... moi, qui pourrais, si je le voulais, savoir ce qui se passe dans la lune... et dans le soleil... je ne puis savoir ce qui se passe dans le cœur de Cocotte!...

AIR : *J'ai vu le Parnasse des dames.*

Auprès d'elle je deviens bête;
Je voudrais lire dans son cœur,
Mais hélas! c'est là que s'arrête
La puissance de l'enchanteur!
Je puis changer la mer en flammes,
L'humble chaume en riche manoir;
Mais déchiffrer le cœur des femmes,
Aucun sorcier n'a ce pouvoir!

Il m'était bien venu une idée ingénieuse... pour forcer Cocotte à me révéler ses vénérables sentiments à mon endroit... Je voulais, sans qu'elle s'en doutât, lui donner un talisman qui aurait obéi à ses pensées, qui aurait reflété ses sentiments les plus cachés... accompli tous ses désirs... Mais, voilà le hic! ce talisman est très-difficile à confectionner... Oh! si je trouvais un pareil talisman, je crois qu'il ferait quelque bruit dans le monde.

AIR : *Des jolis soldats.*

Ah! dans Paris
Que de charivaris,
Si tout ce que pensent les femmes
S'accomplissait
Et si l'on finissait
Par les connaître tout à fait!
J'entends toutes ces tendres âmes
Dont les sentiments sont cachés,
Dire tout haut tous leurs petits péchés,
Nous révéler leurs douces flammes
Pour les gandins dont leurs cœurs sont épris
En cachette de leurs maris,
J'entends à son mari lui-même
Une Lucrèce à l'œil d'azur
S'écrier : Mon ami j'aime
Alfred, Ernest, ou bien Arthur!

Ah! dans Paris, etc.

Mais aussi que de sombres drames,
Que de lugubres dénouements!
De tout côté, les maris, les amants,
Traiteraient de monstres, d'infâmes,
D'affreux démons, les charmantes beautés
Qu'ils traitent de divinités...
Et, quand les belles offensées
De ces propos se vengeraient,
Obéissant à leurs pensées
Que de maris disparaîtraient!

Ah! dans Paris, etc.

N'importe! je veux de ma belle
Approfondir tous les secrets,
Savoir enfin si vraiment je lui plais;
Et je vais inventer pour elle
Ce talisman qui me révélera
Tous les sentiments qu'elle aura!
Jugeant les effets par les causes,
Je suis, si j'arrive à cela,
Sûr que j'aurai d'étranges choses
A voir dans ce petit cœur-là!

Allons, allons
Travaillons, travaillons
Et vite, à mon laboratoire!
Car il s'agit d'augmenter ici-bas
La gloire
Des Alcofribas!

Il salue le public et sort. Changement à vue.

QUATRIÈME TABLEAU

Le boudoir de Cocotte. Un petit salon bleu de ciel. Porte d'entrée au fond. A droite, premier plan, une porte conduisant à la chambre de Cocotte. Au second plan, la porte d'un placard. A gauche, deux autres placards. Au milieu du théâtre, un joli guéridon sur lequel est une corbeille remplie d'œufs de Pâques de toutes les couleurs.

SCÈNE PREMIÈRE

PINTADE, en soubrette, BEAUCANARD, puis DINDONNEAU et enfin COQUELICOT.

On entend sonner au fond.

PINTADE, à Beaucanard, en lui ouvrant le placard de droite. Vite! vite! entrez-là! on sonne...
BEAUCANARD, hésitant. Mais...
PINTADE. C'est le Brésilien!...
BEAUCANARD, effrayé. Fichtre!
PINTADE. Et, s'il vous voit, vous êtes mort.
BEAUCANARD, se jetant dans le placard. Ferme bien vite!
PINTADE, fermant la porte du placard. Encore un amoureux!... Est-elle veinarde, cette Cocotte!... Quand je pense que mon Anglais était un pick-pockett!... et qu'il a filé, en me laissant sur les bras un hôtel et son contenu, qui ne lui appartenait pas!...

On sonne de nouveau.

Ah! j'oubliais!...

Elle va ouvrir.

DINDONNEAU, entrant avec un œuf de Pâques. Bonjour, friponnel!... (La regardant.) Tiens! qu'est-ce que je vois? Pintade!...
PINTADE. Hélas! oui, c'est moi!
DINDONNEAU. Toi! chez la divine Cocotte?...
PINTADE. En qualité de femme de chambre.
DINDONNEAU. Ah bah!
PINTADE. Si vous saviez...
DINDONNEAU. Tu me conteras ça une autre fois. Où est ta maîtresse?
PINTADE. Elle est absente.
DINDONNEAU. Ah! c'est contrariant!... je lui apportais...
PINTADE. Un œuf de Pâques?... Mettez-le avec les autres...
DINDONNEAU. Ah! pristi!... y en a-t-il? (On sonne encore.)
C'est elle sans doute!
PINTADE. Non... je reconnais le coup de sonnette... c'est le Brésilien.
DINDONNEAU. Bigre!
PINTADE, allant ouvrir un placard à gauche. Vivement! entrez là!
DINDONNEAU. Moi, me cacher!...
PINTADE. S'il vous trouve ici, vous êtes mort.
DINDONNEAU, se jetant dans le placard. Enferme-moi!
PINTADE. (A elle-même, riant.) Ça se meuble!...

Elle va ouvrir.

COQUELICOT, tenant un œuf de Pâques. Bonjour, Lisette!... (Cherchant à l'embrasser.) Lisette, mes amours...
PINTADE, lui donnant un soufflet. Tiens, grelin!
COQUELICOT, la reconnaissant. Pintade!... Toi ici!...
PINTADE. Tu ne m'attendais pas à m'y trouver.
COQUELICOT, se frottant la joue. Non... Sapristi! non!
PINTADE. Et c'est ainsi qu'au mépris de nos anciennes relations...
COQUELICOT. Voyons, ma chère, une fois pour toutes... Parce que j'ai eu des bontés pour vous, dans le temps, quand j'étais coq, ce n'est pas une raison... (Regardant les œufs.) Oh! qu'est-ce que c'est que tout ça?
PINTADE. Vous avez peut-être cru que Cocotte se contentait de votre petit œuf?...
COQUELICOT. Mon petit œuf!... mais...
PINTADE. Ah! que nenni! il faut des omelettes à ma maîtresse.
COQUELICOT. Des omelettes?
PINTADE, montrant les œufs de la corbeille. Et vous voyez!

On sonne.

COQUELICOT. On sonne!
PINTADE. Ah! malheureux! c'est le Brésilien!
COQUELICOT, effrayé. Le Brésil!...
PINTADE, ouvrant le second placard de gauche. Vite, vite, si tu ne veux pas être tué...
COQUELICOT. Tué?...
PINTADE. Tous ceux qu'il rencontre chez madame sont morts dans la semaine.
COQUELICOT, courant au placard. Bigre de bigre! ferme à double tour!
PINTADE, fermant la porte avec rage. Va donc, gueusard, et puisses-tu étouffer!

Elle va ouvrir.

SCÈNE II

PINTADE, MADAME ALCOFRIBAS, en marchande à la toilette, avec un carton.

MADAME ALCOFRIBAS. Enfin!... j'ai cru qu'on me laisserait moisir sur le carré.
PINTADE. Que voulez-vous?
MADAME ALCOFRIBAS. Laisse-moi d'abord entrer... tu le sauras plus tard.
PINTADE. Pardon, c'est que ma maîtresse...
MADAME ALCOFRIBAS. Ta maîtresse sera enchantée de ma visite... et toi aussi, je suis la providence des jolies femmes... Et tu n'es, fichtre! pas mal...
PINTADE. Mais...
MADAME ALCOFRIBAS. Je te dis que tu n'es pas mal... quand on a tes yeux, ton nez, tes... enfin tout ce que tu as... ce n'est pas dans une antichambre, c'est dans un boudoir que l'on doit recevoir son monde...
PINTADE. Il est certain que sans me flatter...
MADAME ALCOFRIBAS. Tu es cent fois mieux que ta maîtresse...
PINTADE, vivement. N'est-ce pas?
MADAME ALCOFRIBAS. C'est évident!... Où est-elle, la maîtresse?
PINTADE. Sortie.
MADAME ALCOFRIBAS, à part avec dépit. Trop tôt! j'arrive trop tôt!
PINTADE. Mais, avec tout ça, vous ne m'avez pas dit...

SCÈNE III

LES MÊMES, COCOTTE, elle entre par la droite. Elle est en peignoir brodé très-élégant.

COCOTTE, entrant. Qui est là?
PINTADE. Tiens! madame était rentrée?
COCOTTE. Depuis un instant. Que veut cette femme?
MADAME ALCOFRIBAS. Je suis Adélaïde Crapuzot, marchande à la toilette, pour vous servir.
COCOTTE, avec dédain. Une revendeuse!
MADAME ALCOFRIBAS. Ne faites pas la dégoûtée, mon petit ange!... Dans quelque position que le sort... ou ces grelins d'hommes... car le sort est pour bien peu de chose dans l'existence de la femme... Dans quelque position, je le répète, que se trouve la beauté, elle doit se dire que la beauté passe, que la jeunesse passe, que tout passe... Et que l'économie est une vertu, d'autant plus à la portée de votre sexe, que c'est la seule qui dispense de toutes les autres!
COCOTTE. Mais enfin, je ne vois pas en quoi...
MADAME ALCOFRIBAS. En quoi je puis vous être utile? Exemple: on vous donne vingt mille, trente mille, cinquante mille francs pour votre toilette; vous allez chez les grands faiseurs et les grandes faiseuses, et vous faites cinq, dix ou trente mille francs de dettes par an...
COCOTTE. Il y a du vrai.
MADAME ALCOFRIBAS. Au lieu de ça, vous vous adressez à la mère Crapuzot. Elle vous habille comme une reine, comme une fée... je ne dis pas comme une déesse, parce que généralement les déesses ne s'habillent pas..., et vous mettez de côté la moitié de l'argent qu'on vous donne... voilà!
COCOTTE. Tiens, tiens, tiens!...

On sonne.

PINTADE. Encore!
MADAME ALCOFRIBAS, à part. Lui, peut-être!
COCOTTE, à madame Alcofribas. Passons dans ma chambre. Pintade, je n'y suis pour personne!
PINTADE. Bien, madame.
MADAME ALCOFRIBAS, à part. La suivre?... Au fait, tant que je serai avec elle...
COCOTTE, à madame Alcofribas. Venez-vous?
MADAME ALCOFRIBAS. Me voilà!

Elles entrent à droite.

PINTADE, seule. Elle n'y est pour personne!... Et tous ceux qui sont là... ils doivent étouffer... (*Nouveau coup de sonnette.*) Ah! ma foi, tant pis!

Elle va ouvrir.

SCÈNE IV

PINTADE, ALCOFRIBAS, en Brésilien.

ALCOFRIBAS, entrant. Ta maîtresse?
PINTADE. Elle n'y est pas.
ALCOFRIBAS. A merveille! Laisse-moi!
PINTADE. Mais...
ALCOFRIBAS. Je vais l'attendre.
PINTADE. C'est que...
ALCOFRIBAS. Quoi?
PINTADE. Madame sera peut-être longtemps.
ALCOFRIBAS. Ça m'est égal! Va-t-en!
PINTADE, à part. Ah! ma foi! qu'ils s'arrangent!

Elle sort.

ALCOFRIBAS, seul. Je suis seul... profitons du moment... Je l'ai enfin trouvé, ce secret magique qui doit mettre le comble à ma gloire... et à mon bonheur!... Il ne me reste plus qu'à choisir l'objet qui doit renfermer... (*Regardant autour de lui.*) Ah! ces œufs!... oui, des œufs de Pâques... on les casse pour savoir ce qu'il y a dedans... Voilà mon affaire!

RÉCITATIF.

AIR : de M. Raspail.

Toute ma puissance passée
Ici prend un nouvel essor!
Pour que ces œufs trahissent sa pensée,
Couvrons-les tous de cette poudre d'or!

Il répand sur les œufs une poudre dorée, visible à l'œil des spectateurs, et tous les œufs de Pâques se transforment en œufs d'or.

REPRISE DU REFRAIN DU TROISIÈME TABLEAU.

Ah! dans Paris,
Que de charivaris
Quand ces œufs seront à la mode!
Rien de commode
Et d'indiscret, hélas!
Comme les œufs d'Alcofribas!

MADAME ALCOFRIBAS, en dehors à droite. Oui, mon petit chat, c'est entendu, ne vous dérangez pas!
ALCOFRIBAS. Ciel! cette voix!... Ma femme!
MADAME ALCOFRIBAS, en dehors. C'est convenu, je reviendrai!
ALCOFRIBAS. Elle vient ici... fuyons! (*Son costume tombe et il se trouve vêtu en domestique.*) Ah!

SCÈNE V

ALCOFRIBAS, MADAME ALCOFRIBAS.

MADAME ALCOFRIBAS, entrant et à part. Qui donc avait sonné? (*Apercevant Alcofribas qui a pris un plumeau et épousette les meubles.*) Ah! ce larbin!... Allons, je suis encore arrivée trop tôt... Je reviendrai. (*Sortant.*) Mais je reviendrai trop tard!
ALCOFRIBAS, seul. Ouf!... remerci, Destin!... Mais à qui parlait-elle donc? Est-ce que Cocotte serait ici?... Ah! ce serait trop de bonheur!

SCÈNE VI

ALCOFRIBAS, COCOTTE.

COCOTTE, entrant, en appelant. Pintade!... Pintade!... (*Voyant Alcofribas.*) Tiens! un domestique!
ALCOFRIBAS, saluant. Votre très-humble valet!
COCOTTE, étonnée. Don Alvarès!... Que signifie cette mascarade?
ALCOFRIBAS. On me refusait l'entrée de votre appartement...
COCOTTE. A vous?
ALCOFRIBAS. On m'affirmait que vous étiez absente...
COCOTTE, très-gracieuse. Absente pour tout le monde, oui... mais, pour vous, jamais!
ALCOFRIBAS. C'est bien vrai, ça?
COCOTTE. Vous en doutez?
ALCOFRIBAS. Un peu.
COCOTTE. Mais c'est de l'impertinence!
ALCOFRIBAS. Eh bien! oui, je ne m'en défends pas.
COCOTTE. Et c'est tout ce que vous m'apportez?
ALCOFRIBAS. Non; je vous apporte mon cadeau de Pâques.
COCOTTE. Ah! voyons!
ALCOFRIBAS, tirant un œuf de sa veste. Le voici!
COCOTTE. Un œuf!
ALCOFRIBAS. Mais je voudrais savoir...
COCOTTE. Quoi?
ALCOFRIBAS. Si vous m'aimez...
COCOTTE. Puisque je vous l'ai dit...
ALCOFRIBAS. Je sais bien, mais...
COCOTTE. Mais?...
ALCOFRIBAS. Je voudrais être sûr... je voudrais...
COCOTTE, impatientée. Mais quoi?... quoi? quoi?
ALCOFRIBAS. Un serment.
COCOTTE, avec colère. Ah! quel homme!... Mais oui, je vous aime... je n'aime que vous... je ne reçois que vous... (*Lui arrachant l'œuf des mains.*) Aussi vrai que je vous aime, je brise cet œuf!

Elle jette à terre l'œuf qui se brise. Aussitôt, les trois placards s'ouvrent avec fracas, et Coquelicot, Beaucanard et Dindonneau en sortent, comme poussés par un ressort.

SCÈNE VII

LES MÊMES, COQUELICOT, DINDONNEAU, BEAUCANARD.

ALCOFRIBAS. Que vois-je!
COQUELICOT, BEAUCANARD ET DINDONNEAU. Le Brésilien!
ALCOFRIBAS, furieux. Elle me trompait!

ENSEMBLE.

Air : Quintette d'Héloïse.

Rage et fureur!
Avec frénésie,
L'affreuse jalousie
S'empare de mon cœur!
Rage et fureur!
O rencontre imprévue!
Otez-vous de ma vue,
Ou craignez ma fureur!

Après cet ensemble, pendant lequel les quatre hommes se sont menacés les uns les autres, ils sortent tous par le fond, en se querellant.

ALCOFRIBAS, criant en sortant. Adieu! adieu pour jamais!

SCÈNE VIII

COCOTTE, puis PINTADE.

COCOTTE. Allez au diable!... et puissiez-vous tous vous rompre le cou!...
En disant cela, elle a pris un œuf dans la corbeille et le jette à terre avec rage. Aussitôt on entend dehors un grand bruit accompagné de cris.
PINTADE, entrant par le fond. Ah! madame!... madame!... quel accident!...
COCOTTE. Quoi?...

PINTADE. Tous vos amoureux qui sont tombés en descendant l'escalier !
COCOTTE, très-surprise. Ah bah !
PINTADE, riant. Ils se sont étalés... ah !
COCOTTE, réfléchissant. Tiens, tiens ! je n'ai eu qu'un vœu à former, en cassant un œuf, pour... Est-ce que par hasard, ces œufs auraient un pouvoir magique ?
PINTADE, à part. Un pouvoir magique... des œufs... Elle est toquée !
COCOTTE. Voyons donc un peu... (Prenant un œuf dans la corbeille.) Que pourrais-je souhaiter ?... Ah !... La couleur de ce boudoir me déplaît... (Brisant l'œuf et le jetant à terre.) Pour avoir un boudoir cerise !
Aussitôt les panneaux, le canapé, les fauteuils changent, et de bleus, deviennent rouges.
PINTADE, avec un cri de surprise. Ah !
COCOTTE. Ce sont des talismans !
PINTADE, à part. C'est bon à savoir !
COCOTTE. Ah ! mais alors, je me moque du Brésilien, de sa colère, de son abandon !... À moi, la richesse, l'or, les diamants ! (Prenant un œuf.) Je veux être dans l'île de la Fortune !
Elle brise l'œuf ; son peignoir tombe, ainsi que les vêtements de Pintade, et ils sont remplacés par des costumes dorés, étincelants de pierreries. — Au même instant le théâtre change.

CINQUIÈME TABLEAU

L'Île de la Fortune.

Ballet. — Pluie d'or.

ACTE DEUXIÈME

SIXIÈME TABLEAU

Un boudoir tout doré ; à droite, 2ᵉ plan, l'entrée principale : à gauche, une autre porte conduisant aux appartements ; au fond, une alcôve avec des rideaux de brocard et dans laquelle est un divan doré comme tout le reste du décor ; au 1ᵉʳ plan, à droite, une petite porte cochère cachée dans le mur.

SCÈNE PREMIÈRE

COCOTTE, PINTADE, VALETS et PAGES

habillés tout en or.

Au lever du rideau, les valets et les pages sont en scène, immobiles et attendant des ordres. Cocotte entre par la droite, suivie de Pintade.

COCOTTE. Par ici, Pintade !
PINTADE. Madame est déjà lasse de visiter ses domaines ?
COCOTTE. Oui, cette promenade m'a fatiguée... j'éprouve le besoin de me reposer un peu. (Apercevant les valets.) Quels sont ces gens-là ?
PINTADE. Les valets, les pages de madame.
COCOTTE. Ça des valets ?... On les prendrait pour des seigneurs, avec leurs habits tout dorés.
PINTADE. Cette île ne produit que du drap d'or. Celui qu'ils portent est même ce qu'il y a de plus commun.
COCOTTE. De plus commun ?... On dirait des soleils !
PINTADE. Le fait est qu'on ne peut les regarder sans loucher.
COCOTTE, aux valets. C'est bien... sortez !...
PINTADE. Quand on aura besoin de vous, on vous sonnera.

Les valets et les pages saluent et sortent.

COCOTTE, regardant le boudoir. Mais que c'est beau ici !... Quel magnifique mobilier !... Un peu trop d'or peut-être... C'est égal, ça dégote joliment mon petit entre-sol des Champs-Élysées.
PINTADE. Et dans le parc donc !... Partout des fruits dorés, des fleurs dorées...
COCOTTE. Et dire que tout ça m'appartient ! Quelle chance ! (S'asseyant sur un fauteuil et poussant un cri.) Aïe !
PINTADE. Quoi donc ?
COCOTTE, se relevant. Ces fauteuils sont d'un dur !
PINTADE, riant. Ça manque de capitonnage !
COCOTTE. Tiens ! j'ai soif... je boirais bien quelque chose.
PINTADE. Que désire madame ?
COCOTTE. Donne-moi un verre d'eau.
PINTADE. Bien, madame. (Apportant un gobelet doré sur un plat d'or.) Voilà.
COCOTTE. Gobelet d'or... plat d'or...
PINTADE. C'est cossu !
COCOTTE, goûtant un verre d'eau. Pouah !.. Qu'est-ce que c'est que ça ?
PINTADE. C'est de l'eau de perles fines.
COCOTTE. De l'eau de perles fines ?.. Mais je voudrais de l'eau ordinaire.
PINTADE. Il n'y a pas ici d'autre eau que celle-là.
COCOTTE. Je m'y ferai. D'ailleurs, en y mettant du sucre...
PINTADE, tendant un sucrier d'or. Du sucre ?.. Voilà, madame !
COCOTTE, puisant dans le sucrier. Un diamant ! Mais je demande du sucre ?
PINTADE. C'est le sucre du pays.
COCOTTE. Je ne boirai pas !... Remporte tout cela !
PINTADE, à part. Quelle chipie ! Ça nage dans l'or, et ça fait des manières !

Elle sort par la gauche

SCÈNE II

COCOTTE seule.

De l'or !.. La fortune !... c'est quelque chose... mais, avec tout ça, je m'ennuie ici... Encore si j'avais songé à emporter mes œufs !... Ah ! je donnerais la moitié de mes richesses pour les avoir en ma possession ! (À peine a-t-elle dit ces mots, que la corbeille remplie d'œufs monte du dessous.) Eh ! mais, les voilà... ce sont mes talismans... qui donc me les envoie ?

Trouvant un papier dans la corbeille.

Air de l'Artiste.

Mais que vois-je ? une lettre
Est là parmi les œufs...
Ce billet-là doit être
D'un de mes amoureux.
La chose devient claire ;
Dans des œufs, en effet,
N'est-il pas ordinaire
De trouver un poulet ?
Oui, c'est là, d'ordinaire,
Que l'on trouve un poulet !

(Regardant le billet.) C'est du Brésilien ! je ne me trompais pas !.. Lisons : « Malgré votre perfidie, je vous aime toujours, et je » vous expédie, par la grande vitesse, le présent que je vous ai » fait. Je vous l'aurais apporté moi-même, si je ne savais qu'en ce » moment se trouve chez vous une personne que je ne veux pas » rencontrer... » (En ce moment, madame Akofribas, dans son costume du prologue paraît au fond et écoute.) De qui veut-il parler ?... Il est fou !... (Reprenant sa lecture.) « Mais j'espère à trois heures aller vous sur- » prendre... Attendez-vous à me voir plus amoureux et plus » irrité que jamais. — Don Alvarès. » (Jetant la lettre sur un guéridon.) Ah ! qu'il vienne, ou qu'il ne vienne pas, ça m'est bien égal ! j'ai mes œufs d'or, voilà l'important !... Que pourrais-je souhaiter ?

Pendant qu'elle réfléchit, madame Akofribas s'approche à pas de loup du guéridon, s'empare du billet, et sort comme elle est entrée, sans prononcer une parole.

Mais d'abord, par prudence, cachons mon trésor... on n'aurait qu'à me le chiper... Voyons où le mettre ? (Apercevant la petite porte de premier plan et l'ouvrant.) Un cabinet noir !.. Voilà mon affaire ! (Allant à la corbeille où elle prend deux œufs qu'elle met dans sa poche.)

Cassons deux de ces œufs, et portons tout le reste dans cette cachette mystérieuse... (Elle porte la corbeille dans le cabinet, qu'elle referme ensuite.) Les voilà en sûreté... À présent, songeons à... Tiens, si, pour me distraire, je faisais venir ici mes anciens adorateurs, Éloi, Coquelicot, Dindonneau, Beaucanard... (Tirant un œuf de sa poche.) Oui, je veux qu'ils soient témoins de mon luxe et de mon bonheur ! (Elle brise l'œuf en le jetant à terre. — Aussitôt les quatre personnages qu'elle a nommés sortent du dessous.)

SCÈNE III

COCOTTE, ÉLOI, COQUELICOT, DINDONNEAU, BEAUCANARD. (Chacun d'eux a le costume qu'il portait au premier acte.)

ENSEMBLE.

LES QUATRE HOMMES.

Air de *Lestocq*.

Quelle étrange aventure !
Que veut dire ceci ?
Par quelle conjecture
Nous trouvons-nous ici ?
COCOTTE, à part.
Ah ! la bonne aventure !
Ce sont eux, les voici !
Je ris de leur figure
En me voyant ici !

ÉLOI. Est-ce un rêve ?
COQUELICOT. Qu'est-ce qui nous a transvasés dans ce local ?..
DINDONNEAU. Un salon doré !..
BEAUCANARD. Des meubles d'or !..
ÉLOI. Chez qui sommes-nous donc ?
COCOTTE, qui s'était tenue à l'écart, s'approchant. Chez moi.
TOUS. Cocotte !
COCOTTE. Eh bien ! oui, Cocotte qui s'ennuyait de ne plus vous voir, qui vous a fait venir.
ÉLOI, avec émotion. Comment, toi ?.. Vous, ici ?..
COQUELICOT. Dans ce brillant costume ?
ÉLOI. Dans ce riche palais ?
COCOTTE. Qui m'appartient, dont je suis la reine.
TOUS. La reine !..
COCOTTE. Cette île enchantée, ses mines d'or et de diamants, tout cela est à moi.
COQUELICOT. À vous ?..
BEAUCANARD. Est-il possible ?
ÉLOI, avec contrainte. Et qui vous a donné tout ça ?..
COCOTTE. Ah ! voilà ! c'est mon secret.
ÉLOI. Vot' secret ? Ah ! je le devine, allez !
COQUELICOT. Parbleu ! il ne faut pas être bien malin...
COCOTTE. Vous ne devinez rien (A Éloi.), reste avec moi.... (Aux autres.) Et vous aussi... ça m'amusera.
ÉLOI. Rester ici.. moi ?
COCOTTE. Pourquoi pas ?.. J'ai trop de richesses pour une femme seule... Et je serai bien aise de partager avec vous.
ÉLOI. Partager !.. Oh ! non, jamais !
COCOTTE. Comment ?.. un refus ?
BEAUCANARD. Il a raison !
COQUELICOT. Nous enrichir par les femmes ?.. Ah ! fi donc !..
DINDONNEAU. Nous ne mangeons pas de ce pain-là !
PINTADE, entrant et à part. Ah bah ! eux ici ?
BEAUCANARD. Gardez vos dons, ma chère !
COQUELICOT. Nous ne vivons pas aux crochets d'une coureuse !..
COCOTTE, furieuse. Une coureuse !
PINTADE, à part. Attrape !
COCOTTE, avec colère. Ah ! c'est comme ça ! Ah ! quand je vous offre la fortune, vous ne répondez à mes bontés que par des injures, des mépris !... (Prenant un œuf dans sa poche et le brisant.) Eh ! bien, soyez donc tous réduits à la misère ! (Les costumes des quatre hommes et celui de Pintade tombent et sont remplacés par des vêtements misérables. Cocotte sort par la porte à droite.)

SCÈNE IV

ÉLOI, DINDONNEAU, COQUELICOT, BEAUCANARD, PINTADE.

LES HOMMES, poussant un cri. Oh !
PINTADE, en poussant un autre. Sapristi !
TOUS, la voyant. Pintade !
PINTADE. Oui, moi qui suis arrivée à point pour partager votre sort.
COQUELICOT, regardant ses vêtements. Quelle débine !
PINTADE, regardant ses pieds. Quelle dégringolade !
COQUELICOT. C'est une horreur !
TOUS. C'est une indignité !
ÉLOI. Mais par quel prodige ? comment se fait-il ?
BEAUCANARD. Je n'y comprends rien.
PINTADE. Je le sais, moi.
TOUS. Vraiment ?..
PINTADE. Apprenez que Cocotte a des talismans.
TOUS. Des talismans !
PINTADE. Oui, des œufs d'or qui exaucent tous ses désirs, qui obéissent à ses moindres volontés... il suffit de les casser pour voir accomplir ses souhaits.
TOUS. Ah bah !
ÉLOI. Ah çà ! mais elle est donc sorcière ?
PINTADE. Sorcière ?... non... Tout son pouvoir est dans ses œufs, et si on pouvait les lui chiper...
COQUELICOT. C'est une idée !...
ÉLOI. Mais ces œufs, où sont-ils ?
BEAUCANARD. Où les a-t-elle fourrés ?
PINTADE. Je l'ignore... Mais peut-être qu'en cherchant bien...
DINDONNEAU. C'est ça, cherchons !
COQUELICOT. Faisons des fouilles !
BEAUCANARD. Visitons tous les coins et recoins... (Avec une voix de canard.) Coins, coins, coins !...
PINTADE. Venez !... j'ai du flair... je vas vous guider...

Air de *Strauss*.
Cherchons-les bien !
TOUS.
Oui, cherchons bien !
PINTADE.
C'est le moyen
TOUS.
C'est le moyen
PINTADE.
De réussir
TOUS.
De réussir
PINTADE.
A les saisir !
TOUS.
A les saisir !

Ils sortent par la gauche avec Pintade. Éloi, qui était resté le dernier, se ravise et s'arrête au moment de sortir.

SCÈNE V

ÉLOI, puis COCOTTE.

ÉLOI, seul. Lui dérober son trésor ?... Non, non !... ce serait mal... Et malgré l'vilain tour qu'elle nous a joué, je dois m'opposer... cependant, tant qu'elle sera riche, elle ne reviendra pas au village... Ah ! si je pouvais les trouver, moi, ses œufs d'or, je sais bien ce que je ferais... (Regardant à droite.) C'est elle !

Il se cache derrière un des rideaux de l'alcôve.

COCOTTE, arrivant, pensive. Comment ! plus personne !... Ces pauvres amis !... À présent que ma colère est passée, je regrette le mal que je leur ai fait... Par bonheur, je puis tout réparer... Hâtons-nous d'aller chercher un de mes talismans...

Elle entre dans le cabinet dont elle laisse la porte ouverte. Éloi reparaît, s'approche à pas de loup du cabinet, et regarde.

ÉLOI, avec joie. Des œufs d'or !... quelle découverte !... La v'là qui revient !... ne nous montrons pas !

Il s'éloigne vivement par la porte du fond à droite.

COCOTTE, rentrant un œuf à la main. Là, maintenant, je puis...

(Se ravisant.) Mais non!... Éloi est un orgueilleux, un brutal... Si j'étais trop bonne, il en abuserait... J'attendrai qu'il revienne! (Elle met l'œuf dans sa poche, puis, après un temps.) C'est singulier!... J'éprouve un accablement... mes yeux se ferment malgré moi...

Air nouveau de M. Raspail.

Dans cette alcôve solitaire,
Quelques instants je veux dormir.
ÉLOI, à part.
De la prudence et du mystère !
Gardons-nous bien de me trahir !
COCOTTE.
Oui, le sommeil me sera doux!
Dans le silence
Endormons-nous !
ÉLOI.
De la prudence!
Taisons-nous !

Elle s'étend sur le divan. Musique de scène. Éloi, qui a tout observé, sort de sa cachette, s'approche doucement de l'alcôve, et contemple Cocotte avec amour.

ÉLOI, à part. Elle dort !... profitons du moment!...

Il se dirige sans bruit vers le cabinet, où il entre. Madame Alcofribas paraît à la porte de gauche.

SCÈNE VI

COCOTTE, endormie, MADAME ALCOFRIBAS, puis ÉLOI.

MADAME ALCOFRIBAS, tenant à la main le billet de son mari. Un rendez-vous ! Le chenapan lui donne rendez-vous à trois heures !... Ah ! cette fois, je n'arriverai pas trop tard ! (Apercevant Cocotte.) Elle dort !... Ah ! la coquine ! C'est là qu'elle attend mon mari... Eh bien ! ce n'est pas elle qu'il trouvera sur ce divan, c'est moi !... On n'est pas sorcière pour des prunes, et j'ai un truc... (Au public.) Vous allez voir ! (Elle étend sa baguette vers l'alcôve et aussitôt Cocotte disparaît.) Voilà le truc !... Ça n'est pas plus difficile que ça !... Quand maître Alcofribas arrivera pour marivauder avec sa donzelle, c'est moi qu'il trouvera à sa place. (Avec un rire satanique.) Ah ! ah ! j'en ris comme une petite folle !... (Changeant de ton.) Vivement, à mon poste !

Elle entre dans l'alcôve dont les rideaux se referment.

ÉLOI, reparaissant avec un œuf à la main. Je n'en ai pris qu'un... un seul... mais, s'il m'accorde ce que j'vais lui demander, je serai plus riche que tous les monarques de la terre. (Musique à l'orchestre.) O mon cher petit œuf, si vraiment tu es un talisman, fais que celle qui est là (il désigne l'alcôve.), qui dort sans même penser à moi, fais qu'elle m'aime, qu'elle m'idole, qu'elle ressente pour moi une passion insensée !

Il brise l'œuf. Aussitôt les rideaux s'ouvrent avec fracas, et madame Alcofribas paraît.

MADAME ALCOFRIBAS, regardant Éloi. Ah ! qu'il est beau !
ÉLOI, abasourdi. Hein ! qu'est-ce que c'est que ça ?

Il recule épouvanté.

MADAME ALCOFRIBAS, courant à lui et l'enlaçant dans ses bras. Ah ! reste !... ne t'en va pas ! Laisse-moi te contempler, t'admirer... plonger mon œil dans ton œil !...
ÉLOI, se débattant. Permettez...
MADAME ALCOFRIBAS, vivement. Je permets !... je permets tout ! tout !

Elle lui saisit la tête à deux mains et l'embrasse au front.

ÉLOI. Mais, sapristi !...
MADAME ALCOFRIBAS, couvrant son front de baisers. Tiens ! tiens ! Et encore ! et toujours !

SCÈNE VII

ÉLOI, MADAME ALCOFRIBAS, ALCOFRIBAS

ALCOFRIBAS, entrant par la droite, sa montre à la main. Trois heures à mon chronomètre. (Apercevant sa femme embrassant Éloi et poussant un cri :) Oh !
MADAME ALCOFRIBAS. Mon mari !

Elle lâche Éloi.

ÉLOI. Sauvons-nous !

Il s'esquive par la droite.

ALCOFRIBAS, s'arrêtant furieux. Madame, que signifie ?
MADAME ALCOFRIBAS. Ça signifie, monsieur, qu'à l'avenir c'est vous qui arriverez toujours trop tard !
ALCOFRIBAS. Comment ! j'arriverai trop tard ?
MADAME ALCOFRIBAS. J'étais de foyer, maintenant je suis de rue !...

Elle sort en courant sur les traces d'Éloi.

ALCOFRIBAS. Et je ne puis la tuer, vu qu'elle est immortelle !... (Courant après sa femme.) Azéma !... Azéma !

Il sort par la droite ; au même instant Cocotte arrive du côté opposé. — Musique de scène, jusqu'à la fin.

SCÈNE VIII

COCOTTE, seule, entrant avec agitation.

Quelle aventure !... Je me couche là, dans cette alcôve, et je me réveille au milieu d'une mine d'or !... L'or! toujours cette couleur jaune ! de l'or sur les maisons, dans les jardins, dans les appartements... De l'or partout ! de l'or toujours !... Oh ! j'en ai assez !... j'en ai trop !... Je suis lasse de ne voir que des perles, de l'or, des diamants !... (Tirant l'œuf qu'elle a mis dans sa poche.) A moi le pays de la joie, de la piquette et de la gibelotte !

Elle jette à terre l'œuf, qui se brise. Le théâtre change et représente une guinguette ; le riche costume de Cocotte disparaît et elle se trouve vêtue en grisette.

SEPTIÈME TABLEAU

Le jardin d'une guinguette. Sous les tonnelles, des tables autour desquelles sont assis les buveurs.

SCÈNE PREMIÈRE

OUVRIERS, GRISETTES, mangeant et buvant, COCOTTE, sur le devant de la scène. GARÇONS, allant et venant.

CHŒUR.

Air : de Roger-Bontemps.

Vive la noce !
Pour s'faire un' bosse,
Du cabaret,
Rien n'vaut le vin clairet !
Viv' la goguette
Et la guinguette!
Gais amoureux,
C'est là qu'on est heureux !

On frappe sur les tables, on boit, on trinque ; les cris se croisent.

UN BUVEUR. Garçon, un litre !
UN AUTRE. Garçon, mon veau !
PLUSIEURS CONSOMMATEURS, à une table. A ta santé !...
UN AUTRE GROUPE. Vive Barbanchu !

Eclats de rire sur toute la ligne.

COCOTTE, à part. Quelle gaieté !... A la bonne heure, on existe, on s'amuse ici !... Et cette odeur de gibelotte... parlez-moi de ça !...

SCÈNE II

LES MÊMES, NANA, FRANCESCA, en grisettes.

NANA, entrant par le fond, à gauche, avec Francesca. Eh bien! garçon... cette friture ?
FRANCESCA. Et ce lapin sauté ?
UN GARÇON. Voilà, mes petites dames... voilà !...
COCOTTE. Tiens !... Qu'est-ce que je vois ?... Nana !
NANA, se retournant. Mon nom !...
COCOTTE. Et Francesca !...
NANA. Eh, mais! c'est Cocotte !...
COCOTTE. Vous ici... en grisettes ?
FRANCESCA. Oui, une fantaisie, un caprice...
NANA. Nous sommes venues avec Laurence, Cascadine, Léontine et Dolorès.

FRANCESCA. Une débauche au cabaret.
COCOTTE. J'en suis!
NANA. Mais qu'est-ce que tu es donc devenue, depuis qu'on n'a plus entendu parler de toi?
COCOTTE. Oh! c'est toute une histoire! J'ai fait fortune, j'ai nagé dans l'or...
NANA. Est-elle veinarde!
COCOTTE. Bah! laisse-donc! j'en ai eu bientôt par-dessus la tête... et j'ai tout planté là pour revoir le monde de la gaîté, des amours et des plaisirs.
NANA. Viens!... tu nous raconteras à table tes aventures, et nous te dirons les nôtres...
FRANCESCA. Et il nous en est arrivé, va!...
NANA. Ah! ma chère, de quoi remplir huit volumes!

Elles sortent par le fond, à gauche.

REPRISE DU CHŒUR.

Vive la noce! etc...

Vers la fin du chœur, on voit entrer par la droite Beaucanard avec une clarinette et Dindonneau avec un trombone.

SCÈNE III

LES BUVEURS, BEAUCANARD, DINDONNEAU, puis PINTADE, et enfin COQUELICOT.

BEAUCANARD, *entrant le premier.* Par ici, Dindonneau!... viens donc!...
DINDONNEAU. Où ça?... dans cette guinguette?
BEAUCANARD. Il y a de la société... c'est l'occasion de développer nos talents.
DINDONNEAU. Soit! développons!... (*Appelant à droite.*) Eh! Pintade!...
PINTADE, *entrant, elle est en chanteuse des rues.* Voilà!...
BEAUCANARD. Arrive donc, la diva!... on a besoin de ton soprano.
PINTADE. Mon soprano!... Pourquoi faire?...
DINDONNEAU. Eh bien! pour roucouler une romance à la compagnie...
PINTADE, *regardant les buveurs.* Dites-donc!... Ils ne m'ont pas l'air huppé, ces paroissiens-là... Ça m'étonnerait bien si la recette nous permettait de se payer une dinde aux truffes...

Elle tire de sa poche un mouchoir à carreaux et se mouche.

BEAUCANARD. Bah! dans not' position, faut pas être trop gourmand.
DINDONNEAU. Essayons de gagner quelques monacos...
PINTADE. Mais nous ne sommes pas au complet?
DINDONNEAU. C'est vrai, il nous manque un virtuose.
PINTADE, *appelant à droite.* Ohé! Coquelicot!...
COQUELICOT, *en joueur d'orgue, son instrument sur l'épaule.* Me v'là! quoi! me v'là!...
PINTADE. Avance donc, feignant!
COQUELICOT. Je voudrais bien t'y voir, toi! si t'avais la manivelle sur l'omoplate.
BEAUCANARD. Il marronne toujours!
COQUELICOT. Avec ça que c'est commode à porter!
PINTADE. Bah! l'homme est fait pour en porter bien d'autres! Allons, y es-tu?...
COQUELICOT. Minute donc!.. Donne moi le temps de caler ma mécanique.
PINTADE. Scélérate de Cocotte!.. dire que c'est elle qui nous a fourrés dans le pétrin!...
BEAUCANARD. Et nous n'avons pu lui pincer ses œufs d'or!
PINTADE. Qu'est-elle devenue, cette chipie-là?.. Ah! si jamais je la rencontre!..
COQUELICOT, *qui a disposé son orgue.* Vas-y!... m'y v'là!...
PINTADE. C'est bon!... jouez la ritournelle!...

Charivari entre l'orgue, le trombone et la clarinette. Les buveurs quittent les tables et forment le cercle autour des musiciens.

PINTADE, *à ses camarades.* Attention, vous autres!... Et toi, la clarinette, tâche de jouer en douceur, et de ne pas faire de couacs!...
BEAUCANARD. Sois tranquille!... on soignera son embouchure...
PINTADE, *à la foule.* « Un Homme qu'a du chien, » ou Réflexions d'une jeune personne du monde à sa famille.» Romance nouvelle qui a fait fureur dans tous les salons... Allez la musique!...

Air nouveau de M. Hervé.

I

En fait d'maris, je n'suis pas regardante;
Je n'exig' pas de l'homm' que j'épous'rai
De m'apporter deux cent mill' francs de rente,
D'être marquis, ni même décoré.
Mais nous avons, nous autres filles d'Eve,
Chacun' not' type, et j'vas vous dir' le mien :

Ah!

Pour mon époux, je veux, c'est là mon rêve,
J'veux, avant tout, un jeune homm' qu'ait du chien !

II

Qu'il soit banquier ou simple photographe,
Ça m'est égal! nul rang n'est consigné!
Je n'exig' pas qu'il sache l'orthographe
Et qu'il écriv' comm' madam' Sévigné;
Mais, le dimanch', qu'il me prouv' sa tendresse,
En me menant dîner chez Ledoyen,

Ah!

Puis, au dessert, qu'il n'ait pas de faiblesse ;
J'veux, avant tout, un jeune homm' qu'ait du chien !

Au public.

Troisième et dernier couplet... Moralité de l'apologue!...

III

Lise épousa le jeune homm' de son rêve,
Tout marcha bien pendant la lun' de miel ;
Mais, l'second mois, les amours firent grève,
L'orag' gronda dans l'azur de leur ciel.
La pauvre Lise à Thérèse puis à Rose
De son époux avait dit tant de bien,

Ah!

Que ses voisin's voulur'ent juger la chose ;
Et pour sa femm' maint'nant il manqu' de chien !

SCÈNE IV

LES MÊMES, COCOTTE, FRANCESCA, NANA, LAURENCE, LÉONTINE, DOLORÈS, FOLICHONETTE.

TOUTES, *applaudissant.* Bravo!... bravo, la chanteuse!
CASCADINE. Elle devrait débuter aux Italiens.
FOLICHONETTE. Ou à l'Eldorado.
PINTADE, *faisant la quête.* Messieurs et dames, n'oubliez pas les artistes!... Du courage à la poche, s'il vous plaît!... (*Arrivée devant Cocotte, et avec un cri de surprise.*) Cocotte!
COCOTTE. Pintade!
TOUTES. Pintade!
NANA, *bas aux autres.* Ah! mes enfants, quelle dèche!
FRANCESCA, *de même.* Quel dégommage!
COCOTTE. Comment, toi!... vous ici!... sous cette triste défroque!
COQUELICOT. Parbleu! à qui la faute?
BEAUCANARD. N'êtes-vous pas la cause de toutes nos traverses?
PINTADE. Oh mais! minute!... tu vas nous rendre ce que tu nous as enlevé!
LES TROIS HOMMES. Oui! oui! tu vas nous le rendre!
COCOTTE. Je le voudrais, et de grand cœur; mais, malheureusement, ce n'est plus en mon pouvoir.
PINTADE, *incrédule.* Allons donc!... Et tes œufs d'or?
LES CAISETTES. Ses œufs d'or!
COCOTTE. Ils sont restés là-bas, je les ai oubliés.
TOUS. Oubliés!...
COCOTTE. Je ne possède plus rien.
PINTADE. A d'autres, ma petite!
COQUELICOT. C'est une défaite !
PINTADE. Je n'crois pas un mot de ces calembredaines-là!...
LES TROIS HOMMES. Ni moi!...
COCOTTE. Je vous jure...

SCÈNE V

LES MÊMES, ÉLOI.

ÉLOI, *entrant par la droite, et se précipitant en scène.* Cachez-moi!... cachez-moi!...
TOUS. Éloi!...
COCOTTE. Qu'as-tu donc?
PINTADE. Pourquoi cette frayeur?
ÉLOI. On me poursuit.
TOUS. Qui?
ÉLOI. Le diable!
TOUS. Le diable!
ÉLOI. Sous les traits d'une femme.
TOUS. D'une femme!
ÉLOI. Elle est à mes trousses, elle me cherche, elle me traque!...
VOIX *de madame Alcofribas.* Où est-il? où est-il?...
ÉLOI, *avec épouvante.* Et tenez, l'entendez-vous?... Où me cacher? Ah! ce tonneau vide!... (*Il se blottit dans un tonneau placé debout sur le devant à gauche.*) Je n'y suis pour personne!

Il disparaît dans le tonneau.

SCÈNE VI

LES MÊMES, MADAME ALCOFRIBAS.

MADAME ALCOFRIBAS, *en grisette, entrant précipitamment par le fond, à droite.* Où est-il?... où s'est-il fourré?
TOUS. Qui donc?
COCOTTE. Qui cherchez-vous?
MADAME ALCOFRIBAS. Un jeune homme, un beau jeune homme, un amour de jeune homme.
PINTADE. Il vient de partir.
COCOTTE, *montrant le fond à gauche.* Il s'est sauvé... par là.
MADAME ALCOFRIBAS. Par là?... Ah! je cours... (*s'arrêtant.*) Non!... ça sent la chair fraîche... Vous me trompez, il est ici!...
COCOTTE. Mais...
MADAME ALCOFRIBAS. Mon cœur me guide... (*s'approchant du tonneau.*) Il me pousse, il m'entraîne de ce côté... Je le devine, je le flaire, il est là!... (*Regardant dans le tonneau.*) Ah!
ÉLOI, *montrant sa tête.* Oh!
MADAME ALCOFRIBAS. Décampez!... décampez tous!...
LA FOULE. Mais...
MADAME ALCOFRIBAS, *d'une voix terrible.* Abracadabra!...
LA FOULE, *avec un cri d'effroi.* Ah!

Tout le monde se sauve.

SCÈNE VII

ÉLOI, *dans le tonneau*, MADAME ALCOFRIBAS, puis ALCOFRIBAS.

MADAME ALCOFRIBAS. Maintenant, à nous deux!
ÉLOI, *à part, essayant de sortir du tonneau.* Saperlotte!... si je pouvais...
MADAME ALCOFRIBAS, *le renfonçant dans le tonneau d'un coup sur la tête.* Reste-là, et écoute! Tu es jeune, tu es beau, tu es noble, et je t'aime!
ÉLOI, *voulant encore sortir.* Pardon, une affaire pressée...
MADAME ALCOFRIBAS, *même jeu que précédemment.* Reste-là, et écoute!
ÉLOI, *à part.* Quelle position!
MADAME ALCOFRIBAS, *avec exaltation.* Oui, je t'aime!... A ta vue, j'ai ressenti un choc électrique... mon cœur a volé vers toi, comme mû par un ressort... j'ai été pincée, quoi! pincée! (*Nouveau renfoncement.*) Ne bouge pas!... Mes devoirs d'épouse, mon passé sans tache, la pudeur, la sainte pudeur, cet ornement du sexe faible, j'ai tout oublié, tout foulé aux pieds pour toi... tout! tout! tout!... (*Changeant de ton.*) A présent, tu peux sortir!
ÉLOI, *avec joie.* Ah! enfin!... (*Sortant du tonneau.*) Sauvons-nous!
MADAME ALCOFRIBAS, *l'empoignant par le bras.* Reste!... Tu m'entendras jusqu'au bout!... Tu brûleras, à ton tour, de cette flamme que tu as allumée...
ÉLOI. Mais...
MADAME ALCOFRIBAS. Que faut-il dire?... que faut-il faire pour toucher ton cœur de marbre? Voyons, faut-il que je me traîne à tes genoux?... Eh bien! sois satisfait!... m'y voilà!

Elle se jette aux genoux d'Éloi. Alcofribas paraît.

ALCOFRIBAS. Ah!

A ce cri, madame Alcofribas se retourne, Éloi se sauve.

MADAME ALCOFRIBAS. Lui!
ALCOFRIBAS, *furieux.* Corbleu! madame!...
MADAME ALCOFRIBAS, *se relevant.* Trop tard, monsieur, trop tard!... toujours trop tard!...

Elle s'élance à la poursuite d'Éloi.

ALCOFRIBAS. Sac à papier! j'en aurai une courbature!

Il court après elle.

Changement à vue.

HUITIÈME TABLEAU

Le théâtre représente le laboratoire d'Alcofribas, au fond, une momie.

SCÈNE PREMIÈRE

ALCOFRIBAS, *seul*, ensuite PINTADE.

ALCOFRIBAS. Au diable! j'y renonce! qu'elle aille se... C'est vrai ça! conçoit-on une bêtise pareille! moi, jaloux de ma femme!... Oh! non, bien certainement... mais on a beau être enchanteur, on n'est pas enchanté que sa femme... Mais comment peut-il se faire?...
PINTADE, *entrant dans son costume de chanteur, et à part.* Non, je ne me suis pas trompée... c'est le Brésilien de Cocotte!
ALCOFRIBAS, *sans la voir.* Comment, quand le Destin commande une chose... s'en accomplit-il une autre?
PINTADE. Ah! sans ce costume qui m'arrête... Bah! allons-y tout de même!
ALCOFRIBAS. Est-ce que vraiment le Destin?...
PINTADE, *toussant.* Hum! hum!
ALCOFRIBAS, *se retournant.* Hein? une mendiante ici!
PINTADE. Mendiante, oui et non. Ne me reconnaissez-vous pas?
ALCOFRIBAS. Non... Si fait pourtant.... Où t'ai-je donc vue?
PINTADE. Chez Cocotte.
ALCOFRIBAS. Sa servante?
PINTADE. Son égale.
ALCOFRIBAS. Toi?
PINTADE. Si je vous apprenais que c'est par jalousie qu'elle m'a réduite à la besace.
ALCOFRIBAS. Comment, Cocotte jalouse de toi?
PINTADE. Ça vous étonne?...

AIR : *Ne fais pas ça. (Marius Boulard.)*

Sous c'costume-là, (bis)
J'comprends bien ça,
Vénus ell' même
Ferait rire en disant : j'vous aime!
On ne la comprendrait jamais,
   Mais, mais, mais, mais...
Que d'beautés, même à l'Opéra,
Avant d'avoir bijoux, dentelles,
Commencer'nt par n'avoir sur elles
   Que c'costume-là! (Bis.)

II

Sous c'costume-là, (bis)
J'comprends bien ça,
Rien n'peut vous dire
Que j'suis faite pour séduire,
Que j'ai des charmes, des attraits;
   Mais, mais, mais, mais...
Sans être grand sorcier pour ça,
Un connaisseur pourrait r'connaître
Tout ce qui se cache peut-être
   Sous c'costum'là! (bis)

ALCOFRIBAS. Eh mais, en effet, tu as de l'œil... Et tu dis que c'est Cocotte... qui, par jalousie?...
PINTADE. Oui, parce qu'elle savait que, mise comme elle,

j'aurais attiré les regards... du seul homme auquel je désirais plaire.

ALCOFRIBAS, à part. Comme elle me regarde !... son œil me transperce... Est-ce que vraiment, sous ces haillons ?... Il faut que je m'en assure !

PINTADE. Mais je combattais à armes inégales.

ALCOFRIBAS. Eh bien ! s'il ne le faut que des armes... sois satisfaite, te voilà armée !

Le costume de Pintade tombe ; elle se trouve mise en déesse.

PINTADE.

Air nouveau de M. Raspail.

Ah ! c'est un prodige, et je ne sais déjà
Ce que mon cœur éprouve,
Ni comment je me trouve
Sous ce costume-là !

ENSEMBLE.

ALCOFRIBAS.
C'est une merveille et je ne sais déjà
Ce que mon cœur éprouve !
Fort belle je la trouve
Sous ce costume-là !
PINTADE.
Ah ! c'est un prodige, et je ne sais déjà
Ce que mon cœur éprouve,
Ni comment je me trouve
Sous ce costume-là !
PINTADE.
Aujourd'hui quand c'est toi,
Toi qui me fais renaître,
Sois mon Dieu, sois mon roi,
Sois mon souverain maître !
Daigne me protéger !
Soumise à ta puissance,
Tu peux tout exiger
De ma reconnaissance !

REPRISE ENSEMBLE.

PINTADE.
Ah ! c'est un prodige, etc.
ALCOFRIBAS.
C'est une merveille, etc.

PINTADE. Ah ! maintenant, je comprends, je devine tout Ce pouvoir magique que Cocotte possédait... c'était vous...

ALCOFRIBAS. Oui, c'était moi qui le lui avais donné... une épreuve que j'avais voulu faire et qui ne m'a pas très-bien réussi.

PINTADE. Ah ! si j'avais été à sa place !
ALCOFRIBAS. Oui-dà ?

Air : Ah ! qu'il est gai le petit homme gris.

Eh bien ! je vais, ma belle,
Ici, te faire avoir
Son pouvoir.
Oui, tu pourras, comme elle,
Te donner à loisir
Du plaisir !
Comme épreuve encor
Je vais, mon trésor,
Te donner ses œufs d'or !
Et ces œufs-là...
PINTADE.
Et ces œufs-là ?
ALCOFRIBAS.
Ces œufs-là,
Les voilà !

La momie se transforme en kiosque, et la corbeille aux œufs d'or vient d'elle-même à Pintade.

PINTADE.

II

Surprise qui m'enchante !
ALCOFRIBAS.
Mais encore un instant,
Mon enfant !

Je te trouve charmante,
Je suis de tes beaux yeux
Amoureux,
Et voilà pourquoi
Tu vas, grâce à moi,
Faire partout la loi !
Mais prends bien garde, oh ! prends bien garde, oui,
  [prends bien garde à toi !

ENSEMBLE.

PINTADE. Je prendrai garde, oh ! oui, bien garde, oh ! oui,
  [bien garde à moi !
ALCOFRIBAS.
Mais prends bien garde, etc.

III

ALCOFRIBAS.
Maintenant je te laisse ;
Je reviendrai ce soir,
Pour savoir
Tout ce que ta sagesse
Aura formé de vœux.
Si tu veux,
Change, tous les jours,
De pays, d'atours,
De satins, de velours,
Mais pense à moi (bis) et chéris-moi toujours

ENSEMBLE.

PINTADE.
Parol' d'honneur (bis) j'vous chérirai toujours !
ALCOFRIBAS.
Mais pense à moi, etc.

Il sort.

SCÈNE II

PINTADE, seule.

Quel rêve !... Quelle veine !... Et tous ces talismans, pour ne penser et ne chérir que ce gros bonhomme-là ?... Plus souvent !... D'abord, récapitulons bien les événements ! J'ai suivi Coquelicot que j'aime toujours et qui toujours aime Cocotte, qui n'aime qu'elle, mais qui est aimée d'Éloi, lequel est adoré d'une vieille folle qui se trouve être la femme de mon adorateur... Voilà l'écheveau de nos amours... et je le crois suffisamment embrouillé. Si je l'embrouillais encore davantage ?... Si, pour cacher les faiblesses que je pourrais avoir, j'en donnais à tout le monde, même à mon vieil enchanteur ? Si j'inventais un pays où l'on changerait à toute minute de langage, et de sentiments... plus vite encore qu'à Paris, où Dieu merci, ça ne va déjà pas mal !... Et, même, sans rien inventer, le pays dont j'ai besoin existe peut-être ? Voyons ! *Prenant des œufs dans la corbeille.* Commençons par faire provision de talismans ! *(Mettant des œufs dans ses poches.)* Comment cacher cette corbeille ? *(Le kiosque redevient la momie.)* Tiens ! elle se cache d'elle-même ! Bravo ! Quand j'en aurai besoin, je sais où la trouver. *(Cassant un œuf.)* Et maintenant, je veux être transportée dans le pays le plus changeant du globe terrestre !

Le théâtre change, et l'on se trouve sur les toits, au milieu d'une quantité prodigieuse de girouettes.

NEUVIÈME TABLEAU

Le royaume des Girouettes.

SCÈNE PREMIÈRE

PINTADE, *toujours seule.* Ah ! qu'est-ce que cela ?... Des girouettes ! des toits !... Mais, oui, je suis sur les toits... et partout, à droite, à gauche, des toits et des girouettes à perte de vue !... *(Regardant au fond.)* Oh ! qu'est-ce qui vient là ?... Mais c'est toute une armée... Oh ! les singuliers soldats ! Où suis-je donc ? Avant d'interroger, observons !...

Elle se cache derrière une girouette.

SCÈNE II

PINTADE, cachée, LE ROI GIROUETTE, LA REINE GIROUETTE, LE PETIT GIROUETTE, MINISTRES, SOLDATS, MAITRE D'HOTEL et suite de GIROUETTES.

CHOEUR.

Air de M. Raspail.

La terre tourne,
Et nous tournons
Comme la terre tourne !
Le bonheur que nous éprouvons,
Jamais rien ne l'ajourne !
La terre tourne,
Et nous tournons
Comme la terre tourne !

LA REINE.

Pour tourner à tout vent
La girouette
Est faite !
A son peuple, et l'approuvant,
Le roi répète souvent :
Tourne, tourne, tourne, tourne,
Tourne, tourne en tous les sens,
Tourne, tourne, tourne, tourne,
Tourne, tourne à tous les vents !

REPRISE.

La terre tourne,
Et nous tournons
Comme la terre tourne !... etc. etc.

LE ROI. Moi, seigneur-maître du royaume des girouettes et girouette moi-même...
PINTADE, à part. Ah ! je suis dans le royaume des girouettes ?...
LE ROI, continuant. J'ordonne que l'on me suive dans la salle des festins.
TOUS. Partons !
LE ROI. Non !... je mangerai ici sans façons !... Où est mon chef de cuisine ?... non, c'est au premier ministre... non ! j'ai faim... Ai-je faim ? non... oui, j'ai faim... qu'on m'apporte un biftteack !
LE CHEF DE CUISINE. Voilà !
LE ROI. Non ! qu'on me serve un vol au vent.
LE CHEF, criant. Un vol-au-vent à Sa Majesté ! Boum !
LE ROI. Non !... attends !... je préfère une côtelette en papillotte.
LE CHEF, criant. Une côte papil...
LE ROI. Non ! je ne mangerai pas !... Que mon conseil des ministres approche... (Le conseil descend en scène.) Sommes-nous prêts pour la grande partie de chasse ?
UN MINISTRE. Oui, Sire.
LE ROI. Bon, nous irons à la pêche !... Non ! j'aviserai plus tard !... (A la reine.) Nous rendrons-nous dans la salle du festin, ou resterons-nous ici ?
LA REINE, à son fils. Qu'en penses-tu, Tonton ?
LE DAUPHIN. J'veux qu'on mange tout de suite, na !
LE ROI. C'est entendu, nous ne bougeons pas d'ici !
Il s'en va, tout le monde le suit, sortie générale.
PINTADE, seule. Eh bien ! les voilà qui partent !... (Riant) Ah ! ah ! ah ! ah ! ah ! en voilà un drôle de pays !... c'est celui qu'il me faut ! (Prenant un œuf.) J'ordonne que les girouettes de ce pays s'augmentent de tous mes amoureux et de toutes mes rivales, et que leurs cœurs changent comme leurs idées !...
Elle casse l'œuf et sort.

SCÈNE III

TOUS LES PERSONNAGES, en girouettes, courant successivement.

COQUELICOT. Où suis-je ? d'où sors-je ? où vais-je ? qui me guide ? Ah! de ce côté !... Non, de celui-ci !...
COCOTTE, entrant, également en girouette. C'est singulier ! je ne sais plus ce que je veux... je ne sais plus ce que je fais...
COQUELICOT. Oh ! la jolie petite girouette !
COCOTTE. Oh ! le gentil... je ne sais quoi.
COQUELICOT. Je t'aime.
COCOTTE. Je veux bien.
COQUELICOT. Tu veux bien que je t'aime ?
COCOTTE. Oui.
COQUELICOT. Et tu m'aimeras aussi ?
COCOTTE. Tout plein !
COQUELICOT. Tout plein ! Oh ! bonheur !
ÉLOI, en dehors. Laissez-moi ! sapristi ! laissez-moi !
COCOTTE. Ah ! qui vient là ?
ÉLOI, entrant en girouette. Je lui échappe et j'espère...
COCOTTE. Oh ! qu'il est joli !
ÉLOI. Qu'est-ce que je vois ?
COCOTTE. Mon Éloi !
ÉLOI. Ma Cocotte ! Eh bien ! dites donc, je suis là, moi !
COCOTTE. Laissez-moi donc tranquille, vous !
COQUELICOT. Oh !
MADAME ALCOFRIBAS, en dehors. Où est-il ? où est-il ?
COQUELICOT. Oh ! la belle femme !
MADAME ALCOFRIBAS, entrant et saisissant Coquelicot. Ah ! le voilà, je le tiens !...
COQUELICOT. Tenez-moi, tenez-moi !
MADAME ALCOFRIBAS. Tiens, ça n'est pas lui.
COQUELICOT. Qu'est-ce que ça fait ?
ÉLOI, à Cocotte. Oh ! que je t'aime !
COCOTTE, à Éloi. Et moi, donc !
MADAME ALCOFRIBAS, regardant Coquelicot. Ce garçon a du zing !
COQUELICOT, à madame Alcofribas. A toi pour la vie !...
PINTADE, en girouette. Une déclaration d'amour !
ÉLOI et COQUELICOT, allant à Pintade. Oh ! la superbe créature !
COCOTTE et MADAME ALCOFRIBAS. Hein ?
PINTADE. Ah ! vous me revenez donc ?
ÉLOI. Si je te reviens !
COQUELICOT, à Pintade. Je te reviens, parce que tu me reviens !
COCOTTE. Ah !
MADAME ALCOFRIBAS. Mais c'est révoltant !
BEAUCANARD et DINDONNEAU, entrant. Qu'est-ce que cela veut dire ?
COCOTTE, allant à Beaucanard. Ah ! en voilà un autre !
MADAME ALCOFRIBAS, saisissant Dindonneau. J'en tiens un !
ÉLOI, revenant à Cocotte. Ah ! mais, non !
COQUELICOT, courant à madame Alcofribas. Madame est retenue.
PINTADE, restée seule. Ah !
ALCOFRIBAS, entrant en girouette. Qui diable m'attire ici ?
PINTADE, allant à lui. Ah ! le superbe homme !
ALCOFRIBAS. Tiens ! c'est toi, petite ?
COCOTTE, courant à Alcofribas. Ah ! mon Brésilien !
MADAME ALCOFRIBAS, idem. Que vois-je, mon mari !
BEAUCANARD et DINDONNEAU, restés seuls. Ah !
ÉLOI et COQUELICOT, idem. Ah !
ALCOFRIBAS, au milieu des trois femmes. Mon épouse et mes deux cocottes !
LES TROIS FEMMES. Ah ! que tu es beau !
LES QUATRE HOMMES. Eh bien ! et moi ?
LES TROIS FEMMES. Allez vous promener !

ENSEMBLE.

Air de Fernand Cortés.

Pendant lequel tous les personnages vont et viennent, changeant de femmes et d'hommes.

C'est moi, c'est moi, c'est moi,
(tout seul qu'elle
Moi { } adore
(seule qu'il
Encore !
C'est moi, c'est moi, c'est moi,
Moi, qui reçus sa foi !

ALCOFRIBAS.
Comment s'y reconnaître ?
PINTADE.
Choisissez entre nous !
ÉLOI.
L'amour remplit mon être !
MADAME ALCOFRIBAS.
Je les adore tous !

REPRISE.

C'est moi, c'est moi, c'est moi... etc.

SCÈNE IV

LES MÊMES, TOUS LES PERSONNAGES DE LA DEUXIÈME SCÈNE.

LE ROI.
D'où viennent ces querelles?
LES PERSONNAGES.
Quels sont ces Ostrogoths?
LES NOUVEAUX PERSONNAGES, *regardant Pintade, Cocotte et madame Alcofribas.*
Ah! comme elles sont belles!
COCOTTE, PINTADE et MADAME ALCOFRIBAS, *regardant le roi et les ministres.*
Ah! Dieu, comme ils sont beaux!

REPRISE.

Pendant laquelle le roi et sa cour présenteront Pintade, Cocotte et madame Alcofribas. — Tandis que les personnages de la pièce présenteront la reine et les dames de sa cour.

C'est moi, c'est moi, c'est moi,
Il faut que l'on m'adore
Encore!
C'est moi, c'est moi, c'est moi,
Je te donne ma foi!

Après cet ensemble, pendant lequel tous les personnages ont couru les uns après les autres, tout à coup chacun s'arrête. — Immobilité et silence général.

ÉLOI. Tiens!
COQUELICOT. Qu'est-ce donc?
ALCOFRIBAS. Qu'arrive-t-il?
LE ROI. Rien, c'est le vent qui s'arrête.
LA REINE. Nous voilà pour dix minutes de tranquillité!
TOUT LE MONDE. Ah!
LE ROI. Oui, nous en avons besoin... d'abord pour vous demander, illustres étrangers, quel fortuné hasard vous a conduits dans mon royaume?
ÉLOI. Je n'en sais rien.
COQUELICOT. Ni moi non plus.
LES AUTRES, *moi Pintade.* Ni moi.
LE ROI. Des intrus! qu'on les chasse!... Non!... qu'on leur donne une fête splendide!... Nous avons dix minutes de calme, il faut en profiter!... Que tout le monde prenne place!

BALLET DE GIROUETTES.

Vers la fin du ballet, le vent se fait entendre. La salle se transforme en grande tournante. — Le mouvement entraîne tous les personnages qui commencent à s'agiter sur place et qui finissent par se mêler aux danseurs. — Le vent se change en ouragan. — Toutes les girouettes en scène se mettent à tourner, ainsi que toutes les girouettes qui servent de coiffure à tous les personnages et le rideau baissé par une farandole folle et un mouvement vertigineux.

ACTE TROISIÈME

DIXIÈME TABLEAU

Un palais oriental.

SCÈNE PREMIÈRE

COCOTTE, FRANCESCA, NANA, CASCADINE, LAURENCE, DOLORÈS, LÉONTINE, NOÉMIE, FOLICHONETTE, *en odalisques,* ESCLAVES.

CHŒUR.

Air : *Du Voyage de la vérité.* (Victor Chéri.)
Hélas! dans cet asile,
C'est trop gémir, c'est trop souffrir!
En esclave docile,
Chacune ici doit obéir!

Nous qui n'avions pour maître
Que le plaisir qui nous força,
Il nous faut nous soumettre,
Aux caprices d'un vieux pacha!

COCOTTE. Ah! mes tristes compagnes, quelle existence monotone!
DOLORÈS. Se lever, se baigner...
FOLICHONETTE. S'habiller, déjeuner...
LAURENCE. Sommeiller, se rebaigner...
CASCADINE. Se rhabiller pour dîner...
FRANCESCA. Et se redéshabiller pour aller se coucher.
NOÉMIE. Et tant de soins, tant de fatigues, pour plaire à un vieux pacha!...
COCOTTE. Lui plaire! Oh! je vous assure que je n'y tiens pas.
FRANCESCA. D'abord, pour lui plaire, il faudrait le connaître.
LAURENCE. Et nous ne l'avons pas encore vu.
LÉONTINE. Et nous ignorons même comment nous sommes ici!
NOÉMIE. C'est vrai, de cocottes que nous étions, nous nous sommes trouvées odalisques, du matin au soir.
FOLICHONETTE. Comme par enchantement...
DOLORÈS. Sans l'avoir sollicité.
CASCADINE. Et sans même savoir ni comment ni pourquoi.
FRANCESCA. Ah! si je pouvais le voir, notre pacha!
LAURENCE. Ah! si je le connaissais!...
NOÉMIE. Moi j'ai peur de le connaître... je suis sûre qu'il est laid, mais d'un laid...

SCÈNE II

LES MÊMES, ALCOFRIBAS, *en pacha, apparaissant au milieu des odalisques.*

ALCOFRIBAS. Bonjour, mes odalisques! bonjour!
TOUTES, *effrayées.* Ah!
ALCOFRIBAS. Eh bien! suis-je aussi laid que ça?
NOÉMIE. Oh! qu'il est beau!
TOUTES, *s'inclinant.* Grande lumière!...
ALCOFRIBAS, *à lui-même.* Grande lumière! Elles sont très-aimables... C'est amusant d'être pacha à trois queues... Quand je dis à trois queues... Enfin, je suis pacha.
COCOTTE. Ah!
TOUTES. Quoi?
COCOTTE, *le regardant.* Mais c'est lui!
TOUTES. Lui?
COCOTTE. Mon enchanteur de Brésilien.
TOUTES. Le Brésilien?
ALCOFRIBAS. Silence! voulez-vous bien vous taire!... Eh bien, oui!... mais parlons bas! Te te souviens, Cocotte, des œufs d'or que je t'avais donnés?
COCOTTE. Et dont j'ai fait un si mauvais usage.
ALCOFRIBAS. Eh bien! ces œufs d'or, c'est aujourd'hui Pintade qui les a.
TOUTES. Pintade!
ALCOFRIBAS. Et, comme toi, elle a voulu s'en servir pour m'échapper... « Je veux être reine! » s'est-elle écriée, en cassant un de ces talismans!... et crac! la voilà reine! Mais heureusement je me trouvais là, et en vertu de mon pouvoir discrétionnaire, j'ai légèrement modifié son vœu : « Reine dans un pays dont je serai roi, » ai-je ajouté... Et voilà comme quoi je suis pacha et à la tête d'un harem.
COCOTTE. Et Pintade?
ALCOFRIBAS. Pintade n'est plus que ma favorite.
TOUTES. Favorite!
ALCOFRIBAS. Et comme elle a su que j'avais composé mon harem de mes anciennes connaissances du Château-Rouge...
FRANCESCA. Ah! vous vous êtes rappelé?...
ALCOFRIBAS. Oui!... et Pintade est jalouse.
TOUTES. Jalouse?
ALCOFRIBAS. Elle abuse du pouvoir que je lui ai donné pour m'empêcher de vous jeter le mouchoir.
TOUTES. Oh!
ALCOFRIBAS. Mais je suis parvenu à l'éloigner, elle-même me croit absent, et j'en profite pour venir exercer ici ma profession de pacha. Voyons, ai-je mon mouchoir?... Oui!... Faites-moi l'amitié de vous mettre en rang et de développer vos avantages physiques.
TOUTES, *se rangeant.* Développons!
COCOTTE, *à part.* Moi, je ne développe rien.

ALCOFRIBAS, passant l'inspection. Des brunes! des blondes! des châtaines!... Pristi! quel assortiment!

AIR : *Moi né de Mozambique.* (H. Potier.)

Quels yeux on me décoche!
Ah! vraiment, dans ma poche,
J'ai regret de n'avoir,
De n'avoir qu'un mouchoir!

FRANCESCA.
A vos vœux satisfaire
Est pour nous un plaisir.

COCOTTE.
Le désir de vous plaire
Est notre seul désir.

TOUTES.
Parlez, parlez, seigneur pacha,
Et votre esclave obéira!

ALCOFRIBAS.
Avec les femmes que voilà,
C'est un plaisir d'être pacha!

COCOTTE.
Que le maître désigne
L'objet de sa faveur.

ALCOFRIBAS.
Chacune est, ma foi, digne
Ici d'un tel bonheur.
Au milieu de tous ces regards,
Je voudrais avoir sans retards
Une douzaine de foulards!

TOUTES, avec des attitudes de diverses.
Ah!
Charmer le pacha (*bis*.)
Voilà
Mon désir, mon dada!
Le bonheur est là!
Ah! ah!
Parlez, parlez, seigneur pacha!
Et votre esclave obéira!

ALCOFRIBAS.
Avec les femmes que voilà,
Quel agrément d'être pacha,

ENSEMBLE.
Ah!
Charmer le pacha, etc.

ALCOFRIBAS.
Ah!
Quel sérail j'ai là! (*bis*.)
Ah! ah!

Il baise les femmes et va pour les embrasser, lorsque Pintade paraît tout à coup.

SCÈNE III.

LES MÊMES, PINTADE, *en riche costume oriental et une cravache à la main.*

PINTADE. Hein? qu'est-ce que je vois?
TOUS. Pintade!...
ALCOFRIBAS, interdit et à part. Pincé!
PINTADE, à Alcofribas. Vous ici, dans le harem?...
ALCOFRIBAS, d'un ton repentir. Mais il me semble que, comme pacha, j'ai le droit...
PINTADE. Le droit! c'est possible!... mais la force prime le droit.... et la force (*faisant siffler sa cravache.*) C'est ceci!... zing!...
ALCOFRIBAS. Ta cravache?
PINTADE. Joséphine, pour vous servir, mon bon!... Vous êtes pacha, vous êtes maître absolu; mais je suis la maîtresse, et je vous avais interdit l'entrée de ce sérail....
ALCOFRIBAS, avec douceur. Cependant, ma toute belle!...
PINTADE. Il n'y a pas de cependant...

AIR : *d'Hervé* (*On demande des ingénues*).

Depuis Cach'myr jusqu'à Golconde,
Oui, vous trônez,
C'est vous qui gouvernez,
Vot' pouvoir s'étend en ce monde
Sur vos sujets,
Vos esclav's et vos muets;
Pour être obéie à la ronde,
Je n'ai qu'un stick,

Mais il a bien son chic.
Ah!
A Joséphine, il n'faut pas qu'on se frotte.
J'suis, c'est connu, bonn'fill', mais saperlotte!
Si l'on m'embêt', si l'on me pousse à bout,
Avec ça, je tape partout!
La, la, la, la tout!

ALCOFRIBAS, à part. Elle m'amuse, parole d'honneur, elle m'amuse!
PINTADE. Et là dessus, décampez!
ALCOFRIBAS. Que je décampe?...
PINTADE, aux odalisques. Et vous, mes petites, faites-moi le plaisir d'aller voir au jardin si j'y suis.
LAURENCE, bas aux autres. Quel ton!
FRANCESCA, de même. Quelle arrogance!
COCOTTE, à part. Oh! j'aurai mon tour!...
PINTADE. Eh bien, partirez-vous?
ALCOFRIBAS. Voilà! voilà!... ne te fâche pas!... (*D'un air gracieux.*) Je vais fumer... mon chibouck dans le kiosque d'été.

PINTADE.

AIR : *Les gondins se mettent en frais.*

Sortez tous, sortez lestement,
Décampez au commandement!

ALCOFRIBAS ET LES ODALISQUES.
Sortons tous, sortons lestement,
Ou craignons son emportement!

PINTADE, aux odalisques, en leur indiquant la gauche.
Vous de c'côté, sur la pelouse...
A Alcofribas en lui montrant la droite.
Et vous de l'autre!...

ALCOFRIBAS, à part.
Elle est jalouse!
Bah! c'est, en somme et tout pesé,
Un mouchoir d'économisé!

REPRISE.

Sortez { Tous. { Sortez } lestement...
Sortons {   { Sortons }
etc., etc., etc.

Les odalisques sortent par le fond à gauche et Alcofribas par la droite.

SCÈNE IV.

PINTADE, *puis* COQUELICOT.

PINTADE, seule. Enfin! ils sont partis!... et je puis délivrer ce pauvre Coquelicot, qui doit s'ennuyer dans sa cachette. Je l'ai introduit secrètement au palais... ça m'a coûté un œuf... mais je ne le regrette pas... Vite! appelons-le!... (*Elle va ouvrir une petite porte secrète, premier plan à droite, et appelle.*) Coquelicot?...
COQUELICOT, *passant la tête*. On peu't se risquer?
PINTADE. Oui, viens, je suis seule et nous pouvons jaboter une minute.
COQUELICOT, *entrant*. Jaboter, ça me va!... (*Il est vêtu à l'orientale.*) Comment me trouves-tu?
PINTADE. Superbe! éblouissant!
COQUELICOT, *se tournant de tous les côtés*. Oui, je crois être assez bien ficelé!... C'te bonne Pintade! c'est gentil d'avoir pas oublié ton Coquelicot!...
PINTADE. Ce n'est pas tout, je me charge de ta fortune.
COQUELICOT. De ma fortune?... Ça me va encore.
PINTADE. Je suis la favorite du pacha, tu seras le favori de la favorite.
COQUELICOT. Eh ben! et le pacha?
PINTADE. Bah! il n'y verra que du feu!... C'est moi qui commande ici, je te ferai nommer grand muftachir.
COQUELICOT. Mufta... quoi?
PINTADE. Chir!... autrement dit, grand officier du palais.
COQUELICOT. Grand officier!... Pristi!... C'est un joli grade!

AIR : *Ah! si j'avais tu.* (*Voy. de la Vérité.*)

Ah! quel sort heureux!
En v'là-t-y d'la chance!

PINTADE.

Riches, amoureux,
Au sein d'la bombance,
Nous vivrons tous les deux !
En y mettant d'la prudence,
Pour nous tout ira bien,
Le pacha ne saura rien !

ENSEMBLE.

Pour nous tout ira bien,
Le pacha ne saura rien !

PINTADE.
II

Mais pour le prévenir,
Il faut que j't'e laisse.
De tout aplanir
Compt' sur ma promesse !
Bientôt je vas revenir,
De l'aplomb et de l'adresse !
Pour nous tout ira bien
Le pacha ne saura rien !

REPRISE.

Pour nous tout ira bien,
Le pacha n'en saura rien !

Pintade sort par la droite.

SCÈNE V

COQUELICOT, puis COCOTTE et LES ODALISQUES.

COQUELICOT, seul. Grand muftachir !... Logé, nourri et habillé aux frais du gouvernement ! Cré nom ! en v'là une existence de coq en pâte ! (Bruit. Je vais en dehors.) Hein ? Qu'est-ce qui vient là ?... (Regardant.) Des femmes !... des odalisques !... Tiens, parbleu !... chez un pacha !...
COCOTTE, rentrant par le fond à gauche, et aux odalisques qui l'accompagnent. Mais quand je vous dis qu'elle n'est plus là !...
TOUTES. Vraiment ?... tu crois ?...
COCOTTE. Sans doute, voyez plutôt...
TOUTES, apercevant Coquelicot. Un homme !...
COQUELICOT. Eh ! mais, je n'ai pas la berlue, c'est mamzelle Cocotte !...
COCOTTE. Coquelicot !
TOUTES. Coquelicot !
COQUELICOT. Vous ici, parmi les odalisques ?
COCOTTE. Hélas ! oui... Mais vous, par quel hasard ?...
COQUELICOT. C'est Pintade qui m'a fait venir.
TOUTES. Pintade !...
COQUELICOT, avec fatuité. Mon Dieu, oui, elle ne pouvait se passer de moi... Je suis nommé grand muftachir.
TOUTES, riant. Muftachir !...
COQUELICOT. Mais quelle chance de vous rencontrer ! Êtes-vous gentille sous ces beaux affiquets !...
COCOTTE, avec coquetterie. Vous trouvez ?
COQUELICOT. Vrai, vous êtes encore plus jolie qu'autrefois... (Regardant les femmes.) Et ces autres !... Cristi !... les belles jeunesses !...

AIR : *Je roulais bien. (Fra-Diavolo.)*

Je suis tout feu ! (Bis.)
Au milieu de tout's ces fillettes,
Comme jadis parmi les poulettes,
Je r'deviens coq, sarpejeu !...
Je suis tout feu ! (Ter.)

TOUTES. Qu'a-t-il donc ?

COQUELICOT.
Faut que j'vous embrasse.

TOUTES.
Nous embrasser ! Ah ! quelle audace !
Nous embra-ser en pareil lieu !

COQUELICOT.
Je suis tout feu ! (Quatre fois.)

TOUTES.
Calmez, calmez un si beau feu !
COQUELICOT.
Non ! non ! je suis tout feu !
TOUTES.
Calmez, calmez un si beau feu !
COQUELICOT.
Non, non, je suis tout feu !

ENSEMBLE.

COQUELICOT.	LES FEMMES.
Je suis tout feu ! (Ter.)	Il est tout feu ! (Ter.)

Il court après les odalisques, qu'il cherche à saisir et à embrasser. — Sur la fin de l'ensemble, Pintade a paru à droite.

SCÈNE VI

LES MÊMES, PINTADE.

PINTADE, à part. Ah ! gredin !... c'est comme ça que tu m'es fidèle !... Eh bien ! attends !... (Elle prend un œuf d'or dans sa poche.) Je vais former un souhait qui te refroidira !...
COCOTTE, se débattant contre Coquelicot. Finissez !
LES FEMMES, de même. Laissez-nous !...
COQUELICOT, très animé. Vous laisser ! Plus souvent !... Je veux vous prendre à chacune un petit bécot !
En ce moment, Pintade brise l'œuf en paraissant exprimer à voix basse un souhait. — Coquelicot s'arrête tout à coup.
COQUELICOT, d'une voix de fausset. Tiens ! c'est drôle ! Je n'en ai plus envie !...
COCOTTE ET LES ODALISQUES, étonnées. Hein ?
COQUELICOT. Mais plus du tout, du tout, du tout !...
FRANCESCA, bas aux autres. Comme le voilà refroidi !...
COCOTTE, de même. Et quelle drôle de voix !

COQUELICOT, d'une voix de fausset.

AIR précédent.

J'étais de feu, (Bis.)
Et maintenant je suis de glace.
COCOTTE, bas.
Il a perdu tout' son audace.
PINTADE, à part.
Parbleu, c'est l'effet de mon vœu !
COQUELICOT.
Je n'ai plus d'feu ! (Ter.)
COCOTTE, s'approchant.
Si ma rigueur vous désespère,
Nous cédons à votre prière...
TOUTES.
Embrassez-nous !
COQUELICOT, s'éloignant.
Qui ! moi ? Grand Dieu !
Je n'ai plus d'feu !
TOUTES.
Il n'a plus d'feu !
COQUELICOT.
Je n'ai plus d'feu ! (Bis.)
TOUTES.
Embrassez-nous, mais rien qu'un peu !
COQUELICOT.
Non ! non ! cessez ce jeu !
TOUTES.
Embrassez-nous !
COQUELICOT.
Non ! sarpejeu !
Non ! non ! je n'ai plus d'feu !

ENSEMBLE.

LES FEMMES.	COQUELICOT.
Il n'a plus d'feu ! (Ter.)	Je n'ai plus d'feu ! (Ter.)

Il se dégage des bras des femmes qui cherchent à l'enlacer, et se sauve ; — Pintade disparaît en riant.

SCÈNE VII

COCOTTE, LES ODALISQUES, puis ÉLOI.

LES FEMMES, riant. Ah ! ah ! ah !

COCOTTE. Il se sauve!...
NANA. En voilà un singulier amoureux!
ÉLOI, entrant précipitamment par le fond à gauche; il est vêtu en odalisque: voilé. Des femmes!... (S'approchant) Ah! par pitié!... sauvez-moi!
TOUTES. Une étrangère!
ÉLOI, écartant son voile. Non! un jeune homme, un infortuné jeune homme!
COCOTTE, le reconnaissant. Éloi!...
ÉLOI, béte surpris. Cocotte!...
COCOTTE. Toi!... sous ce déguisement?...
FRANCESCA. Comment êtes-vous ici?
COCOTTE. Que t'est-il arrivé?
ÉLOI. Des aventures atroces!... Vous savez bien c'te satanée folle....
COCOTTE. Qui te poursuivait de son amour?
ÉLOI. Elle m'a enlevé.
TOUTES. Enlevé!...
ÉLOI. Et conduit de force dans ce pays, ousqu'elle a un château, une espèce de forteresse... C'est là qu'elle m'a enfermé, en me donnant à choisir entre un cachot ou son cœur...
TOUTES. Est-il possible!...

ÉLOI.

AIR : *Ramonez ci, ramonez là.*

Par bonheur, d'chez c'te sorcière
J'ai pu m'échapper enfin,
Et, quittant ma souricière,
Sous c'costume féminin,
Je m'suis donné d'l'air, ce matin,
En avalant ben d'la poussière!
J'arpentais, comme un fugitif,
Les champs, les bois, d'un train hâtif;
Puis, dans c'palais préservatif,
Je m'suis glissé d'un pas furtif...
Et me voilà plus mort que vif!

COCOTTE. Calme-toi!... Tu es ici en sûreté.
CASCADINE. Vous resterez auprès de nous.
DOLORÈS. Nous vous prenons sous notre protection....
ÉLOI. Vrai?... Ah! merci, merci d'vos bontés!...
FRANCESCA, regardant à droite. Ah! mon Dieu!... c'est le pacha!
ÉLOI, effrayé. Le pacha!
LÉONTINE. Il se dirige de ce côté.
ÉLOI. Saperlotte!...
COCOTTE. Baisse ton voile, et tais-toi!...

SCÈNE VIII

Les Mêmes, ALCOFRIBAS.

ALCOFRIBAS. Tiens vous êtes seules? Je croyais trouver ici la favorite.
TOUTES. La favorite?
DOLORÈS. Nous ne l'avons pas vue.
COCOTTE. Elle s'est sans doute retirée dans son appartement.
ALCOFRIBAS, apercevant Éloi. Quelle est cette étrangère?
COCOTTE. Une voyageuse.... une Circassienne.... qui demande la faveur de se reposer quelques instants dans le palais.
ALCOFRIBAS. Une Circassienne?... Qu'elle soit la bienvenue!... Mais pourquoi donc tient-elle son voile baissé?...
FRANCESCA. C'est par timidité....
COCOTTE. Par pudeur.
ALCOFRIBAS. Par pudeur! C'est très-bien.... mais ça me prive du plaisir de connaître son visage..... (Passant près d'Éloi.) Ne daignerez-vous pas, aimable étrangère, soulever le tissu qui me dérobe vos traits?
ÉLOI, d'une voix flûtée. Mais...
ALCOFRIBAS. Je vous en prie... et au besoin je vous l'ordonne.
COCOTTE, bas. Obéis!
ÉLOI, à part. Tout va se découvrir!...
Il écarte son voile.
ALCOFRIBAS. Sac à papier!... la belle créature!
ÉLOI ET LES FEMMES, à part. Heïn?
ALCOFRIBAS. Quelle brune ravissante!... (à part.) Je suis incendié! (Haut, aux odalisques.) Éloignez-vous, laissez-moi seul avec elle.
LES FEMMES, à part. Ah! fichtre!

ÉLOI, à part. Je suis perdu!...
COCOTTE. Mais c'que...
ALCOFRIBAS. Sortez!... je le veux!...

ENSEMBLE.

AIR : *Des douze travaux d'Hercule.*

ÉLOI ET LES FEMMES, à part.
Prudence et mystère!
Il faut obéir!
De quelle manière
Ça va-t-il finir?
ALCOFRIBAS, à part.
Amour et mystère!
Les yeux de saphir
De cette étrangère
M'ont fait tressaillir!

Les odalisques s'éloignent par le fond à gauche.

SCÈNE IX

ALCOFRIBAS, ÉLOI.

ALCOFRIBAS, à part. Une Circassienne!... je n'en ai pas dans mon harem... C'est une lacune... si je pouvais décider celle-ci...
ÉLOI, à part. Comment me tirer de là?...
ALCOFRIBAS, à part. Essayons (Haut.) Eh bien! charmante étrangère, vous n'approchez pas?... Est-ce que je vous fais peur?...
ÉLOI, à part. Tenons-nous ferme! (Haut et d'une voix de fausset.) Peur?... Non... pas précisément... Vous avez une bonne boule.
ALCOFRIBAS, à part. De la naïveté!... Ça me monte!... (Haut.) Allons, ça doit vous rassurer... Avancez, ne tremblez pas... Comment vous appelez-vous?
ÉLOI. Comment que j'm'appelle?
ALCOFRIBAS. Oui, votre nom... votre petit nom circassien?
ÉLOI, après avoir cherché. Falbala!
ALCOFRIBAS. Falbala!... Quel nom délicieux! (S'approchant et lui prenant la main.) Voyons, entre nous, est-ce que vous tenez absolument à continuer votre voyage?...
ÉLOI, retirant sa main. Dame! C'est selon... J'y tiens, sans y tenir... Et si je trouvais à me caser, dans une maison honnête...
ALCOFRIBAS, à part. Je tiens le joint!... (Haut et avec chaleur.) Eh bien! reste avec moi!... Deviens le plus bel ornement de mon sérail, le plus beau joyau de mon écrin!...
ÉLOI. Moi!
ALCOFRIBAS. Je te couvrirai de sequins, de roupies!...
ÉLOI. De roupies!... (Alcofribas lui prend la taille.) Ah!... vous me chatouillez!
ALCOFRIBAS. De la résistance! Ça me monte de plus en plus! et je vais te chiper un baiser!...
ÉLOI, se débattant. Un baiser! plus souvent!
ALCOFRIBAS. Ah! tu as beau te défendre, je le prendrai malgré toi...
ÉLOI, reprenant sa voix naturelle et lui donnant une poussée. Ah ça!... me laisserez-vous à la fin?
ALCOFRIBAS. Hein?... Cette voix!... un homme!...
ÉLOI. Eh ben! oui, un homme... et si vous n'vous tenez pas tranquille, je vous flanque une tripotée...
ALCOFRIBAS. Des menaces! Ah! gredin!... je vais te faire empaler!
ÉLOI, à part et tout tremblant. Saperlotte! me v'là gentil!

Grand bruit au dehors.

SCÈNE X

Les Mêmes, PINTADE, COCOTTE, ET TOUTES LES ODALISQUES, *entrant en désordre.*

TOUTES. Alerte!... alerte!...
ALCOFRIBAS. Qu'y a-t-il?
PINTADE. Il y a qu'une terrible amazone, reine d'un État voisin, s'avance vers nous à la tête de son armée.
ALCOFRIBAS. Une amazone!
ÉLOI, à part. C'est elle! fuyons!... (Il se sauve par la gauche.)
COCOTTE, regardant à droite. Déjà elle a forcé les portes du palais.
PINTADE, de même. Elle approche, bientôt elle sera ici...
ALCOFRIBAS. Mais quelle est donc l'audacieuse qui se permet?

SCÈNE XI

Les Mêmes, MADAME ALCOFRIBAS, en amazone orientale, casque à turban surmonté d'une aigrette, brassards, cimeterre au côté, une lance au poing et suivie d'une escorte de janissaires.

MADAME ALCOFRIBAS, *paraissant*. C'est moi !
ALCOFRIBAS, *stupéfait*. Ma femme !
MADAME ALCOFRIBAS. Sa femme !
MADAME ALCOFRIBAS. Ah! scélérat!... tu te donnes les airs d'avoir une favorite...
PINTADE. Mais, madame,...
MADAME ALCOFRIBAS. Tais-toi, péronelle! tu n'as pas la parole!... (A Alcofribas.) Ah! tu fais le pacha... ah! tu as un sérail?... Eh bien! moi aussi, j'ai un sérail, moi aussi, j'ai un favori !
ALCOFRIBAS, *furieux*. Vous osez ?
MADAME ALCOFRIBAS. Non, je vais me gêner !... Mais d'abord, ce favori, où est-il? qu'en as-tu fait ?
ALCOFRIBAS. Moi ?
MADAME ALCOFRIBAS. Il s'est enfui sous des habits d'odalisque !...
ALCOFRIBAS, à part. La Circassienne !... (Haut.) Mais je ne sais ce que vous voulez dire...
MADAME ALCOFRIBAS. Mensonge !... Il doit être ici, mes espions l'ont vu s'introduisant dans ce palais... Au surplus, nous allons bien voir...
ALCOFRIBAS. Comment?... quel est donc votre dessein ?
MADAME ALCOFRIBAS. Mon dessein ?... Ah! ah! il le demande!... Mon dessein, c'est de mettre à sac ton palais... C'est de culbuter ton harem...
LES ODALISQUES, *avec effroi*. Ah! ciel!...
ALCOFRIBAS. Culbuter mon harem !...
MADAME ALCOFRIBAS. Et ce ne sera pas long!... (D'un air de pitié.) Tiens! veux-tu que je te dise?... tu n'es qu'un Sardanapale de fer-blanc!...
ALCOFRIBAS, *avec colère*. Madame !... cette expression...
MADAME ALCOFRIBAS. Est triviale, j'en conviens, mais elle rend ma pensée.
ALCOFRIBAS. Ah çà! c'est donc la guerre que vous voulez ?
MADAME ALCOFRIBAS. Oui, la guerre acharnée, la guerre à outrance!
PINTADE. Eh bien !... soit !... défendons-nous !
COCOTTE ET LES ODALISQUES. Oui, oui, défendons-nous !
MADAME ALCOFRIBAS. Vous? Allons donc! vous me faites rire!... La résistance n'est pas dans vos cordes!... (Criant.) A moi!... mes fidèles janissaires!... (Les janissaires se rapprochent la lutte s'engage.)

CHOEUR.

Air : *Vengeance* (Brouillis depuis Wagram).

Vengeance! (bis)
Et point de résistance !
Et faisons
Oui, livrons ici
Un combat sans merci !
Livrons un combat sans merci !

Mêlée générale. — Changement à vue.

ONZIÈME TABLEAU

L'extérieur d'une forteresse.

SCÈNE PREMIÈRE

DINDONNEAU, BEAUCANARD, en faction.

BEAUCANARD. Dindonneau ?
DINDONNEAU. De quoi, Beaucanard ?
BEAUCANARD. Est-ce que ça t'amuse, cette faction ?
DINDONNEAU. Ça ne m'amuse pas, et ça me fait très-peur.
BEAUCANARD. Peur ? Pourquoi ?
DINDONNEAU. Comment, pourquoi! mais tu ne sais donc pas, malheureux, que nous gardons ici l'enchanteur Alcofribas ?
BEAUCANARD. Mais puisque voilà trois grands jours qu'il a été vaincu par sa femme, notre pachatte.
DINDONNEAU. Ça, c'est vrai!... Et quelle bataille !... Ah !.., nous pouvons dire que nous avons eu de l'agrément !

Air : *Qu'il est flatteur d'épouser celle.*

Au milieu des cris et des flammes,
Il fallut nous précipiter ;
Mais c'était un bataillon de femmes
Que nous avions à culbuter.
Et bientôt prévoyant leur chute,
Elles ne se défendaient plus ;
Après un quart d'heure de lutte,
Les soldats avaient le dessus !

BEAUCANARD. Eh bien, alors, puisque nous sommes vainqueurs !...
DINDONNEAU. Oui, sans doute ; mais c'est le prisonnier qui m'inquiète... un homme dont le pouvoir surnaturel...
BEAUCANARD. Silence! c'est la pachatte !

SCÈNE II

Les Mêmes, MADAME ALCOFRIBAS, en guerrière, **SOLDATS.**

MADAME ALCOFRIBAS, *portée à la tête d'un peloton*. Halte ! front! relevez les sentinelles... et ne les remplacez pas, c'est inutile!... je licencie mon armée. Soldats, je suis contente de vous! Je vous licencie comme armée, mais je vous conserve comme favoris... Vous continuerez à faire partie de mon harem!... (Au public.) Dans le combat que j'ai livré à mon mari, je l'ai battu à plates coutures, et je lui ai chippé sa baguette magique. (Montrant une sorte de baguette.) La voilà ! Maintenant ce n'est plus un enchanteur, c'est un simple imbécile. Je l'ai enfermé dans cette forteresse, où mon intention est de le laisser privé de tout... privé de tout, sans exception! pendant que moi, je nagerai dans les délices de l'existence la plus folichonne ! J'ai même un projet relativement à ce jeune villageois que j'adore... mais avant d'y songer, il faut que je me mette en garde contre les pièges du Destin, mon ennemi intime... et le protecteur de mon idiot de mari. (Aux soldats.) Eh bien, ces sentinelles sont-elles relevées ?
DINDONNEAU. Elles le sont.
MADAME ALCOFRIBAS. Très-bien!... Avancez... (Tous descendent.) Non, pas vous! avancez mon palanquin !
DINDONNEAU. Je sollicite l'honneur de m'atteler au palanquin de ma pachatte.
MADAME ALCOFRIBAS, *montrant le palanquin*. Attelle-toi ! attelle-toi, et surtout ne me ballotte pas!... je n'aime pas que l'on me balotte !...

DINDONNEAU.

Air *de Joséphine*.

Mon cœur en tressaille !
MADAME ALCOFRIBAS.
Faut pas qu'on déraille !
TOUS, *saluant*.
Je m'incline, je m'incline...
MADAME ALCOFRIBAS.
T'nez bien la machine !
TOUS, *partant*.
Vive la pachatte !
La porter { me / nous } flatte !
Vive la pachatte !
Jamais
On ne vit tant d'attraits !

Sortie générale.

SCÈNE III

COCOTTE, seule, enveloppée d'une pelisse en lambeaux et couverte de poussière. Elle arrive en marchant avec peine et paraît épuisée.

Où suis-je?... Qu'importe!... Allons toujours... Aller où?... D'ailleurs je n'ai plus de forces. Depuis hier je marche, et le besoin... la fatigue... (Elle se laisse tomber sur les genoux, et peu à peu s'évanouit tout à fait. Musique de scène.) Personne viendra-t-il à mon secours?... Pauvre Cocotte! où sont tes amis? Que sont devenus ceux qui t'offraient leur fortune et leur cœur?... Et toi-même, qu'as-tu fait de l'or, des diamants qu'ils t'avaient donnés?... Qu'as-tu fait de ces œufs magiques... (S'affaiblissant.) Ah! mon courage, mes forces m'abandonnent... je... je...

Elle reste sans mouvement. La musique s'arrête.

SCÈNE IV

COCOTTE, évanouie, PINTADE, COQUELICOT.

PINTADE, entrant la première. Arrive donc, lambin!... nous y voilà!

COQUELICOT. Ah! c'est qu'il était si bon, ce petit vin!... Comment que tu l'appelles?

PINTADE. Du malvoisie.

COQUELICOT. Oui, c'est ça, un vin grec, et d'une douceur... Aussi, j'en ai versé dans cette gourde... ça m'aidera à attendre le souper...

PINTADE. Commence par m'écouter! Je t'ai dit que j'avais à remplir une grande mission.

COQUELICOT. Oui.

PINTADE. C'est dans cette forteresse que mon nigaud d'enchanteur s'est laissé enfermer par sa femme.

COQUELICOT. Comment l'as-tu appris?

PINTADE. Par le Destin.

COQUELICOT. Le Destin?

PINTADE. Un gros petit vieux qui m'est apparu, ce matin, dans ma chambre.

COQUELICOT. Pintade!... Vous recevez de gros petits vieux dans votre...

PINTADE. Bêta! le Destin n'est pas un homme!

COQUELICOT. Qu'est-ce que c'est donc?

PINTADE. C'est... (Apercevant Cocotte.) Ah! mon Dieu!

COQUELICOT. Quoi donc?

PINTADE. Regarde!

COQUELICOT. Une femme évanouie! (La regardant et poussant un cri.) Ah!

PINTADE. Quoi?

COQUELICOT. C'est Cocotte!

PINTADE. Cocotte!... mais oui, c'est elle!...

COQUELICOT. Comment la faire revenir?... Ah! le malvoisie... (Il fait boire Cocotte.) Buvez, mamzelle, buvez... c'est un velours...

PINTADE. Ça la ranime...

COQUELICOT. Elle ouvre un œil...

COCOTTE, l'apercevant. Pintade! ici!... près de moi! Et Coquelicot!...

PINTADE. Ah ça! comment te trouvons-nous sur le grand chemin?

COCOTTE. Errante, égarée, à la suite de ce combat, je suis tombée sur la route, exténuée de fatigue et de besoin...

COQUELICOT. De besoin?

PINTADE. Pauvre petite! Mais je n'ai pas le temps de m'attendrir!... Écoute, Cocotte, nous avons toujours été rivales, et si j'étais méchante... mais non, je suis bonne fille... (Tirant de sa poche deux œufs d'or.) Regarde!... de tous les talismans que l'on t'avait donnés et que tu as su t'approprier, voilà tout ce qui me reste, et je partage avec toi.

COCOTTE. Quoi!... Tu serais assez bonne, assez généreuse?...

PINTADE, lui donnant l'œuf. À toi de décider de ton sort!... moi, si je réussis dans la mission dont je me suis chargée, avant un quart d'heure je serai la plus heureuse, la plus aimée et la plus puissante des femmes.

COCOTTE. Mais cette mission, quelle est-elle?

PINTADE.

Air : *Prélude du peuple souterrain* (M. Cadet).

Un secret!

COCOTTE.

Vraiment?

PINTADE.

Sachez seulement
Qu'il s'agit d'une baguette
Qu'avec cet œuf-là,
Retenez cela,
Je dois reprendre en cachette!
Si je le puis,
Ce soir, je suis
Princesse!
On m'aimera,
M'adorera,
Sans cesse!
Et vous le saurez,
Lorsque vous verrez
S'écrouler cette forteresse.
Maintenant tous trois, il faut nous séparer.

ENSEMBLE.

Maintenant tous trois, il faut nous séparer.

PINTADE.

Mais pour nous quelle fête!
Lorsque de la baguette
J'aurai pu m'emparer! (bis.)
Maintenant tous trois, il faut nous séparer!

TOUS.

Maintenant tous trois, il faut nous séparer!

ENSEMBLE.

COQUELICOT ET COCOTTE.	PINTADE.
Ah! crois que je souhaite	Mais pour nous quelle fête!
Que de cette baguette	Lorsque de la baguette
Tu puisses t'emparer!	J'aurai pu m'emparer!

Sortie de Pintade et de Coquelicot.

SCÈNE V

COCOTTE, seule.

Elle s'éloigne... Me voilà seule, et comme autrefois la richesse, les honneurs... je puis tout vouloir, tout demander... (Après un silence et baissant la tête.) Les honneurs... les richesses?... Hélas! tout cela m'a-t-il rendue heureuse?... J'ai goûté de tout, j'ai tout épuisé, sans rencontrer le bonheur... J'ai eu à mes côtés vingt adorateurs, sans en aimer un seul... Eh bien! je ne veux plus en avoir qu'un... celui qui m'est resté fidèle, le seul qui m'ait jamais sincèrement aimée... C'est lui, je veux redevenir ce que j'étais au village, et épouser Eloi.

Elle casse son œuf; Eloi sort de terre dans son costume breton du premier acte; Cocotte se trouve aussi dans son premier costume.

COCOTTE. Eloi.

ELOI. Cocotte! ma petite Cocotte!... et sous ce costume?...

COCOTTE. À toi, à toi pour toujours!

Coup de tam-tam ; le théâtre change.

DOUZIÈME TABLEAU

Le théâtre représente un palais magique : le Royaume des amoureux.

SCÈNE DERNIÈRE

TOUS LES PERSONNAGES.

Cortége traversant le théâtre et composé d'amants, en bergers et en bergères, au nombre desquels sont Alcohribas et sa femme, bras-dessus, bras-dessous ; Pintade, également en bergère, marche en tête des principaux personnages, la baguette magique à la main.

FINAL.

CHŒUR, sur lequel on danse.

Air : *De M. Raspail.*

Dans le pays des amoureux,
Tout le monde va deux à deux,
Et deux à deux on est heureux
Dans le pays des amoureux!

PINTADE, tenant la baguette magique.

J'ai réussi, j'ai la baguette,
Me voilà fée et je ferai,
De ma baguette, une houlette,
Avec laquelle je pourrai
Faire que les amants s'adorent
D'eux j'éloignerai les rivaux,

Et par des chemins qu'ils ignorent,
Je les conduirai par troupeaux!

ALCOFRIBAS, à sa femme.
Charmante jouvencelle!

MADAME ALCOFRIBAS.
Oh! tendre jouvenceau!

ALCOFRIBAS.
Que tu me sembles belle!

MADAME ALCOFRIBAS.
Que tu me sembles beau!

REPRISE, en dansant.

Dans le pays des amoureux, etc.

Flammes de Bengale.

FIN

Poissy. — Typ. S. Lejay et Cie.

www.ingramcontent.com/pod-product-compliance
Lightning Source LLC
Chambersburg PA
CBHW070447080426
42451CB00025B/1997